职业教育烹饪（餐饮）类专业"以工作过程为导向"
课程改革"纸数一体化"系列精品教材

PENGREN YUWEN

烹饪语文

主　编　杨志华　范春玥
副主编　祁月英　李智辉
参　编　田　杰　刘　宁

华中科技大学出版社
http://www.hustp.com
中国·武汉

内 容 简 介

本书是职业教育烹饪(餐饮)类专业"以工作过程为导向"课程改革"纸数一体化"系列精品教材。

本书包括"食语寻踪""食海诗航""食文妙笔"和"食典撷英"四个学习单元,共有十二个主题阅读和语文综合实践活动。

本书适合于烹饪、餐饮等专业学生使用。

图书在版编目(CIP)数据

烹饪语文/杨志华,范春玥主编. —武汉:华中科技大学出版社,2020.9
ISBN 978-7-5680-6429-3

Ⅰ.①烹⋯　Ⅱ.①杨⋯　②范⋯　Ⅲ.①语文课-中等专业学校-教材　Ⅳ.①G634.301

中国版本图书馆 CIP 数据核字(2020)第 169394 号

烹饪语文　　　　　　　　　　　　　　　　　　　杨志华　范春玥　主编
Pengren Yuwen

策划编辑:汪飒婷
责任编辑:余　琼　汪飒婷
封面设计:原色设计
责任校对:李　琴
责任监印:周治超

出版发行:华中科技大学出版社(中国•武汉)　　电话:(027)81321913
　　　　　武汉市东湖新技术开发区华工科技园　　邮编:430223
录　　排:华中科技大学惠友文印中心
印　　刷:武汉科源印刷设计有限公司
开　　本:889mm×1194mm　1/16
印　　张:9.5
字　　数:221千字
版　　次:2020年9月第1版第1次印刷
定　　价:48.00元

本书若有印装质量问题,请向出版社营销中心调换
全国免费服务热线:400-6679-118　竭诚为您服务
版权所有　侵权必究

职业教育烹饪（餐饮）类专业"以工作过程为导向"
课程改革"纸数一体化"系列精品教材

编委会

主任委员

郭延峰　北京市劲松职业高中校长
董振祥　大董餐饮投资有限公司董事长

副主任委员

刘雪峰　山东省城市服务技师学院中餐学院院长
刘铁锁　北京市延庆区第一职业学校校长
刘慧金　北京新城职业学校校长
赵　军　唐山市第一职业中专校长
李雪梅　张家口市职业技术教育中心校长
杨兴福　禄劝彝族苗族自治县职业高级中学校长
刘新云　大董餐饮投资有限公司人力资源总监

委　员

王为民　张晶京　范春玥　杨　辉　魏春龙
赵　静　向　军　刘寿华　吴玉忠　王蛰明
陈　清　侯广旭　罗睿欣　单　蕊

总 序
FOREWORD

职业教育作为一种类型教育,其本质特征,诚如我国职业教育界学者姜大源教授提出的"跨界论":职业教育是一种跨越职场和学场的"跨界"教育。

习近平总书记在十九大报告中指出,要"完善职业教育和培训体系,深化产教融合、校企合作",为职业教育的改革发展提出了明确要求。按照职业教育"五个对接"的要求,即专业设置与产业需求对接、专业课程内容与职业标准对接、教学过程与生产过程对接、学历证书与职业资格证书对接、职业教育与终身学习对接,深化人才培养模式改革,完善专业课程体系,是职业教育发展的应然之路。

国务院印发的《国家职业教育改革实施方案》(国发〔2019〕4号)中强调,要借鉴"双元制"等模式,校企共同研究制定人才培养方案,及时将新技术、新工艺、新规范纳入教学标准和教学内容,建设一大批校企"双元"合作开发的国家规划教材,倡导使用新型活页式、工作手册式教材并配套开发信息化资源。

北京市劲松职业高中贯彻落实国家职业教育改革发展的方针和要求,与大董餐饮投资有限公司及20余家星级酒店深度合作,并联合北京、山东、河北等一批兄弟院校,历时两年,共同编写完成了这套"职业教育烹饪(餐饮)类专业'以工作过程为导向'课程改革'纸数一体化'系列精品教材"。教材编写经历了行业企业调研、人才培养方案修订、课程体系重构、课程标准修订、课程内容丰富与完善、数字资源开发与建设几个过程。其间,以北京市劲松职业高中为首的编写团队在十余年"以工作过程为导向"的课程改革基础上,根据行业新技术、新工艺、新标准以及职业教育新形势、新要求、新特点,以"跨界""整合"为学理支撑,产教深度融合,校企密切合作,审纲、审稿、论证、修改、完善,最终形成了本套教材。在编写过程中,编委会一直坚持科研引领,2018年12月,"中餐烹饪专业'三级融合'综合实训项目体系开发与实践"获得国家级教学成果奖二等奖,以培养综合职业能力为目标的"综合实训"项目在中餐烹饪、西餐烹饪、高星级酒店运营与管理专业的专业核心课程中均有体现。凸显"跨界""整合"特征的《烹饪语文》《烹饪数学》《中餐烹饪英语》《烹饪体育》等系列公共基础课职业模块教材是本套教材的另一特色和亮点。大董餐饮投资有限公司主持编写的相关教材,更是让本套教材锦上添花。

本套教材在课程开发基础上,立足于烹饪(餐饮)类复合型、创新型人才培养,以就业为导向,以学生为主体,注重"做中学""做中教",主要体现了以下特色。

1. 依据现代烹饪行业岗位能力要求,开发课程体系

遵循"以工作过程为导向"的课程改革理念,按照现代烹饪岗位能力要求,确定典型工作任务,并在此基础上对实际工作任务和内容进行教学化处理、加工与转化,开发出基于工作过程的理实一体化课程体系,让学生在真实的工作环境中,习得知识,掌握技能,培养综合职业能力。

2. 按照工作过程系统化的课程开发方法,设置学习单元

根据工作过程系统化的课程开发方法,以职业能力为主线,以岗位典型工作任务或案例为载体,按照由易到难、由基础到综合的逻辑顺序设置三个以上学习单元,体现了学习内容序化的系统性。

3. 对接现代烹饪行业和企业的职业标准,确定评价标准

针对现代烹饪行业的人才需求,融入现代烹饪企业岗位工作要求,对接行业和企业标准,培养学生的实际工作能力。在理实一体教学层面,夯实学生技能基础。在学习成果评价方面,融合烹饪职业技能鉴定标准,强化综合职业能力培养与评价。

4. 适应"互联网+"时代特点,开发活页式"纸数一体化"教材

专业核心课程的教材按新型活页式、工作手册式设计,图文并茂,并配套开发了整套数字资源,如关键技能操作视频、微课、课件、试题及相关拓展知识等,学生扫二维码即可自主学习。活页式及"纸数一体化"设计符合新时期学生学习特点。

本套教材不仅适合于职业院校餐饮类学生教学使用,还适用于相关社会职业技能培训。数字资源既可用于学生自学,还可用于教师教学。

本套教材是深度产教融合、校企合作的产物,是十余年"以工作过程为导向"的课程改革成果,是新时期职教复合型、创新型人才培养的重要载体。教材凝聚了众多行业企业专家、一线高技能人才、具有丰富教学经验的教师及各学校领导的心血。教材的出版必将极大地丰富北京市劲松职业高中餐饮服务特色高水平骨干专业群及大董餐饮文化学院建设内涵,提升专业群建设品质,也必将为其他兄弟院校的专业建设及人才培养提供重要支撑,同时,本套教材也是落实国家"三教改革"要求的积极探索,教材中的不足之处还请各位专家、同仁批评指正!我们也将在使用中不断总结、改进,期待本套教材拥有良好的育人效果。

职业教育烹饪(餐饮)类专业"以工作过程为导向"课程改革
"纸数一体化"系列精品教材编委会

前言

本书以教育部颁布的《中等职业学校语文课程标准（2020年版）》为依据，着眼于中等职业教育烹饪专业学生综合职业能力培养，满足烹饪专业"语文"职业模块教学需要而编写，适合开设烹饪专业的中等职业学校使用。

一、指导思想

在培养学生专业语文能力，促进学生综合职业能力提升的课程目标的指导下，加工整理适合中等职业学校学生（简称中职生）学习的烹饪语文相关资源，以语言学习为载体，感受博大精深的饮食文化；结合丰富多彩、与专业深度结合的语文综合实践活动，提高学生在烹饪专业领域的听、说、读、写能力。

二、内容结构与参考学时

本书包括"食语寻踪""食海诗航""食文妙笔"和"食典撷英"四个学习单元。

学习单元	主　题	主题阅读	语文实践	参考学时
食语寻踪	饮食口语	释吃	五味小调查	4
	饮食成语	饮食成语二则	成语故事会	4
	饮食名言	饮食名言三组	食语擂台赛	4
食海诗航	美食古诗	饮食诗三首	顺口溜比拼	4
	意境菜肴	意境菜赏析	佳句配佳肴	4
	雅趣菜名	雅趣菜名赏析	美名伴美味	4
食文妙笔	饮食杂谈	五味（节选）	我来写菜谱	4
	风味美食	春卷	我讲拿手菜	4
	茶酒风韵	湖畔夜饮	我秀家乡味	4
食典撷英	文化寻根	吕氏春秋·本味（节选）	饮食小讲坛	4
	古法美食	古食谱三则	烹饪小学者	4
	厨艺厨德	《随园食单》选读	厨艺小明星	4

三、主要特色

（一）以语言为载体，深入整理适合烹饪专业学生学习的语言资源

教材始终把握语文学科特性，在广泛参考各类书籍资料基础上，从字词、句子、诗歌、文章（古文和现代文）等不同层面选取适合中职生学习的语言素材，通过循序渐进、点面结合的合理安排，构建了全面系统的烹饪语文学习资源。

（二）以文化为纽带，全面展示中华烹饪饮食文化的特点魅力

教材深入理解烹饪语文的跨学科特性，在语文和烹饪之间，以文化为纽带构建跨学科知识体系。通过挖掘语言学习素材中的烹饪文化因素，通过特色的烹饪语文实践活动，培养提升学生的专业文化素养。

（三）以能力为本位，创新设计烹饪语文能力综合实践活动

教材充分体现中等职业学校的人才培养以能力为本位的特性，在语言材料学习的基础上，注重培养学生在专业领域运用语言的能力。通过系统设计的特色烹饪语文综合实践活动，提升语言理解能力、语言概括能力、一般的书面语言表达能力、一般的口语表达能力、烹饪专业语言的书面和口头表达能力。

本书第一单元由杨志华老师执笔，第二单元由李智辉老师执笔，第三单元由祁月英执笔，第四单元由范春玥老师执笔。田杰、刘宁两位老师参与课程资源的开发、制作。由于编者学识浅陋、时间仓促，各种疏漏错误之处在所难免，恳请各位读者不吝赐教！

编　者

目录 CONTENTS

- 1   第一单元   食语寻踪
  - 3   第一节   饮食口语
    - 3   主题阅读   释吃
    - 8   语文实践   五味小调查
  - 11   第二节   饮食成语
    - 11   主题阅读   饮食成语二则
    - 19   语文实践   成语故事会
  - 22   第三节   饮食名言
    - 22   主题阅读   饮食名言三组
    - 28   语文实践   食语擂台赛

- 31   第二单元   食海诗航
  - 33   第一节   美食古诗
    - 33   主题阅读   饮食诗三首
    - 42   语文实践   顺口溜比拼
  - 45   第二节   意境菜肴
    - 45   主题阅读   意境菜赏析
    - 54   语文实践   佳句配佳肴
  - 58   第三节   雅趣菜名
    - 58   主题阅读   雅趣菜名赏析
    - 67   语文实践   美名伴美味

- 73   第三单元   食文妙笔
  - 75   第一节   饮食杂谈
    - 75   主题阅读   五味（节选）
    - 82   语文实践   我来写菜谱

第二节　风味美食	88
主题阅读　春卷	88
语文实践　我讲拿手菜	94
第三节　茶酒风韵	97
主题阅读　湖畔夜饮	97
语文实践　我秀家乡味	108

第四单元　食典撷英　　　　　　　　　　111

　第一节　文化寻根　　　　　　　　　　113
　　主题阅读　吕氏春秋·本味(节选)　　113
　　语文实践　饮食小讲坛　　　　　　　118

　第二节　古法美食　　　　　　　　　　122
　　主题阅读　古食谱三则　　　　　　　122
　　语文实践　烹饪小学者　　　　　　　127

　第三节　厨艺厨德　　　　　　　　　　131
　　主题阅读　《随园食单》选读　　　　131
　　语文实践　厨艺小明星　　　　　　　137

主要参考文献　　　　　　　　　　　　　140

第一单元
食语寻踪

◆学习导读

　　语文是研究语言的学科，而一个民族的语言蕴藏着本民族丰富的文化内涵，发达的文化必然有发达的语言来表示。我国自古以来就有"民以食为天"的说法，中国的"吃"文化是世界上非常发达的，反映到语言上，就有很多与"烹饪"及"吃"相关的词汇，特别是成语及民间语言中，渗透了很多饮食文化的特点。

　　作为一名将要走上厨师岗位的中职生，你可曾从语文的角度去好好体会这些词汇、语句所蕴含的丰富内涵？你可曾从烹饪的角度去探究这些词汇、语句是如何从"食语"演化得"面目全非"的？如果没有，那就请跟随我们，一起去探寻这些散落在汉语言中博大精深的"食言食语"。

第一节 饮食口语

口头语言(简称口语)是语言中最有生命力的部分。在汉语口语中,有一个非常鲜明的特色,就是运用大量与"饮食""烹饪"有关的词汇、俗语、谚语、歇后语等表达生活中的各个方面。中国人在运用这些"饮食口语"来表情达意时,对词语本义的觉察,已经到了无意识状态。这一方面体现了汉语言丰富多样的表达技巧,同时也侧面体现了中华烹饪饮食文化的无比丰富与强大。在这一节中,我们将带领同学们一起领略这些被我们忽略的饮食口语的内涵与魅力。

主题阅读

释 吃

刘半农

吃①,俗写作"喫"。吃②,言语蹇难也;"吃吃",笑声。

吃为外动③,如言"吃饭""吃酒";或为内动④,如言"有穿有吃""坐吃山空"。

南人饮食皆曰吃,故可言"吃饭""吃酒"。古口语亦如此,杜甫诗曰:"对酒不能吃。"北人分饮为喝,食为吃,故必言"吃饭""喝酒"。

南人言"吃烟""吃西北风",北人必言"抽烟""喝西北风"。

人非吃不能活,故举吃足包生活之全部;故言"吃饭问题",问题不仅吃饭也,衣住行三者亦赅⑤焉;言"此人吃党饭",党之所出不仅供其吃饭也,仰事储蓄之资亦赅焉。

由此而推,凡依某事某物以为活者,亦可言吃某:故信教曰"吃教",恃⑥祖产为活而无所事事曰"吃祖产"。吾乡有嘲粪夫之谚曰:"靠山吃山,靠水吃水,靠屎吃屎。"水可吃,山与屎不能吃也,依此以为生耳。又有谚曰:"穿老官,吃老官,灶膛里无柴烧老官。"此嘲妇女之依赖性也,老官谓夫,夫不但可吃,而且可穿可烧焉,亦推广其义而用之耳。

凡言吃,其态度尚⑦斯文;言吞,则穷凶极恶矣。然吞吃之辨亦甚微,故有言吃而义实为吞者,亦有两字叠用者;通常言"吞没",亦可言"吃没",亦可言"吞吃";吾乡有"吃黑"一语,言恃其黑心,吞没他人之所有也。

博弈⑧中之吃,或指以此消彼,如言"车吃马",谓以车消马也;或指有所取益,如言"一吃",谓以我之一取尔之一也;言"吃嵌当",谓如有一万三万,取得二万,适嵌于其中也。

吃亦作受义⑨,如言"他这一来我吃不了",言受不了也;余如"吃亏""吃倒账""吃官司""吃钉子""吃嘴巴""吃军棍""吃重""吃惊",均受义也。

训⑩吃为受,所受必非美好之事物;故"受聘"不能言吃聘,"受礼"不能言吃礼;惟北平语之"吃香"为例外。

"吃紧",义为受紧,如"银根吃紧""大局吃紧"之类是;古口语中则可解为"加紧""上紧",如程子《语录》谓《中庸》"鸢飞戾天"一节,"是子思吃紧为人处"。

"吃力"之义为勤苦用力,"吃水"之义为"见吃于水",此二义较为别致。

"吃醋",妒也;有解之者曰:"世以妒妇比狮子。"《继通考》:"狮子日食醋酪各一瓶。"此凿⑪也;妒则心酸,酸则有如吃醋耳。

吃馆子中之吃酒饭曰"吃馆子",此新语也,然亦有可以比拟者:"听梅兰芳"谓听梅兰芳之戏,"写黄山谷"谓写黄山谷一体之字,语言求简,故取其重而舍其轻耳;最近又有"吃女招待"一语,谓上有女招待之饭馆吃酒饭,则新之又新,无可比拟矣。

【注释说明】

一、注释

①吃:原为"喫",咀嚼食物并下咽的意思,在简化字公布以前,其俗写为"吃",后正式简化为"吃"。

②吃:古汉语本有其字,其义为"语塞难也",即说话结巴,现代汉语"口吃"为其本义,后与"喫"字合为一字。

③外动:指及物动词。

④内动:指不及物动词。

⑤赅:完备,全都包括。

⑥恃:依靠。

⑦尚:尚且、还算。

⑧博弈:赌博和下棋。

⑨吃亦作受义:吃也当"接受"讲。

⑩训:解释。

⑪凿:穿凿附会。

二、说明

刘半农(1891—1934),是近现代史上中国的著名文学家、语言学家和教育家。名复,字半农,江苏江阴人。早年在《新青年》杂志做编辑工作。后旅欧留学,获法国国家文学博士学位。1917年起在北京大学任教。所作新诗多描写劳动人民的生活和疾苦,语言通俗。他一生著作甚丰,创作了《扬鞭集》《瓦釜集》《半农杂文》,编有《初期白话诗稿》,学术著作有《中国文法通论》《四声实验录》等,另有译著《法国短篇小说集》《茶花女》等。其中《汉语字声实验录》荣获"康斯坦丁·伏尔内语言学专奖"。

【赏析指导】

　　这是一篇写于二十世纪三十年代的文章。作者刘半农,是活跃于我国五四时期著名的诗人和语言学家。在这篇短文中,作者列举了"吃"字的众多义项,并阐述了其与"吃"字本意的联系。从中我们能清楚地看到,中华民族对"吃"的钟情与推崇,反映在语言上,就是无所不在的"以吃喻事"。

　　在作者的引领下,我们能够体会到"吃"在用法上的南北差异,"吃"字意义的迁移路径,能够感受到随着社会生活、饮食文化的发展,"吃"的含义依然在不断地延伸与更新。我们也能够看到作者作为一位语言研究者,对生活语言的积累与思考。这对我们学好语文是一种很好的借鉴。

【读写探究】

一、阅读选文,体会南北方"吃"的不同用法

南方:(　　)烟　　(　　)酒　　(　　)西北风

北方:(　　)烟　　(　　)酒　　(　　)西北风

二、整理概括文中提到的"吃"的义项和例词

序　号	义　项	例　词

三、思考并解释下列带"吃"的词语

1.吃独食:

2.吃劳保:

3.吃透精神:

4.吃红黄牌:

5.吃得开：

四、思考在口语和书面语中，"吃"有哪些同义词？ 生活中还有哪些带"吃"的词语

1."吃"的同义词：_____

2.带"吃"的词语：_____

【知识拓展】

一、刘半农的"双簧戏"

北京大学是新文化运动的发祥地，也是新文化思想的中心，进入北京大学后，刘半农变成了新文化运动的急先锋。仅在《新青年》杂志上写写文章，他觉得还不过瘾，他希望与复古派、守旧派来一次彻底的对决，给他们迎头痛击。在上海时他曾进过剧团做过编剧，所以他首先想到了双簧戏，觉得这是一个十分理想的形式。他将自己的想法告诉了好友钱玄同。钱玄同和他一样，也是个大炮筒子性格；曾经骂"桐城巨子"和"选学名家"为"桐城谬种""选学妖孽"。由于两人性情相近，在教授圈子里一向过从甚密，无话不谈。刘半农提议两人合演一曲双簧戏，一个扮演顽固的复古分子、封建文化的守旧者，一个扮演新文化的革命者，以记者身份对守旧者进行逐一驳斥。用这种双簧戏的形式将正反两个阵营的观点都亮出来，引起全社会的关注。一开始，钱玄同觉得主意虽不错，但手法有些不入流，不愿参加。但刘半农坚持说，非常时期只有采取非常手段，才能达到目的。经他反复动员，最后钱玄同才同意与他一起演一出双簧戏。

1918年，《新青年》杂志上，忽然发表了一篇写给《新青年》杂志编辑部的公开信《给〈新青年〉编者的一封信》，署名"王敬轩"。信是用文言文写的，全信4000多字，不用新式标点，以一个封建思想和封建文化卫道者的形象，列数《新青年》和新文化运动的所有罪状，极尽谩骂之能事。而就在同一期上，发表了另一篇以本社记者半农之名写的观点与之针锋相对的文章《复王敬轩书》，全信洋洋万余言，对王敬轩的观点逐一批驳。这一双簧戏旗帜鲜明，在文坛引起强烈反响，不仅引来了"王敬轩"那样的卫道士，如林琴南等人的发难，更多地却引起了青年学子和进步人士的喝彩。鲁迅对此也持肯定的态度。这一正一反两篇文章同时出现，显示出旧式文人丑态，新派则获得压倒性的辉煌胜利。一些原来还在犹豫的人都开始倾向新文化了，连朱湘和苏雪林都说他们是看了这出双簧戏后才变成新派的，可见双簧戏影响之大。

刘半农导演的这出双簧戏已经成为现代文学史上一个富有戏剧性的插曲。关于刘半农对新文化的贡献，苏雪林认为：虽不足与陈、胡方驾，却可与二周并驱。事实上，他对新文学所尽的气力，比之鲁迅兄弟只有多，不会少。

二、与饮食有关的歇后语

王八吃秤砣——铁了心。

擀面杖吹火——一窍不通。

茶壶煮饺子——心里有说不出。

小葱拌豆腐——一清二白。

马尾栓豆腐——提不起来。

老太太吃柿子——专拣软的捏。

张飞吃豆芽——小菜一碟。

哑巴吃黄连——有苦说不出。

瞎子吃汤圆——心中有数。

肉包子打狗——有去无回。

饺子破皮——露了馅。

【延伸阅读】

中国人对饮食情有独钟,因此发展出丰富的以"吃"喻事的语言,下面一段虚拟的幽默文字,颇能体现这一特点。

一次一个中国人和一个外国人在一起交谈。

外国人说:"我最近看过你们《舌尖上的中国》节目,我发现中华文化虽然博大精深,但其实就是吃的文化。"

中国人说:"哦,何以见得?"

外国人说:"你看,你们那里工作岗位叫'饭碗',谋生叫'糊口',过日子叫'混饭吃',混得好叫'吃得开',受人羡慕叫'吃得香',得到照顾叫'吃小灶',花积蓄叫'吃老本',女人漂亮叫'秀色可餐',靠长辈生活的人叫'啃老族',干活过多叫'吃不消',被人伤害叫'吃亏',吃亏不敢声张叫'哑巴吃黄连',男女嫉妒叫'吃醋',下定决心叫'王八吃秤砣',不听劝告叫'软硬不吃',办事不力叫'吃干饭',办事收不了场叫'吃不了兜着走'……"

中国人打断他说:"我们应该从战略高度讨论国际关系,您怎么尽说这些无聊的事,是不是吃饱了撑得没事干了?"

外国人一听,当即晕倒。醒来后,中国人语重心长地对他说:"对当前的国际形势,我们一定要吃深吃透。这方面我们两国都没有老本可吃。世界的游戏规则就是大鱼吃小鱼,但现在这种冷战思维已经不吃香,合作共赢才能吃得开。只要两国强强联手,一定能赢者通吃。有些人喜好吃里扒外,专吃破坏国际关系这碗饭,跟我们争风吃醋,让我们吃了不少苦头,建设战略伙伴关系更加吃力。我们一定要吃一堑长一智,不能再让他们吃着碗里看着锅里,也好让全世界吃颗定心丸。阁下您对这些见解还有什么吃不准的?如果没有,我很愿意跟您在餐厅共进晚餐!"

外国人目瞪口呆,半响才说:"中华文化果然深不可测!阁下一席话只有最后一句没有吃字!"他的随从在旁边忍不住提醒:"最后这句话是要您请他吃一顿!"

语文实践

五味小调查

【活动内容】

中国烹饪的核心要素是"味",在传统饮食实践中,"酸、甜、苦、咸、辛"五味调和,产生了变化万千的美味佳肴,而反映在语言上,上述五种味觉词语,也早已超出了其本来意义。请利用网络、图书等工具,检索梳理汉语中味觉词语的含义变迁,以小组为单位撰写一篇小的调查报告,并在班级内进行展示交流。

【活动目标】

1. 训练自己利用工具检索信息的能力。
2. 训练自己的语言书面表达能力和口头表达能力。
3. 积累语言素材,了解体会词义的引申与迁移特点。
4. 进一步体会中华餐饮注重调味的特点,提升自身的烹饪文化素养。

【活动过程】

一、布置任务,明确分工

(一)教师布置任务,明确要求

微课:"教你如何检索资料"

按照烹饪传统,味一般分为五味,分别为酸、甜(甘)、苦、辣(辛)、咸(鲜)。从词的本义出发,味觉词语都有本身特定的含义。随着社会生活的发展,人们把这些由吃喝引起的感觉,迁移至生活语言的众多方面,使味觉词语发生了有意思的词义变化。这些变化,对于母语是汉语的人来讲,已经司空见惯而到了无意识运用状态。作为烹饪专业学生,我们的语文实践就从研究这些与烹饪饮食息息相关的词语开始。

本次活动的任务是,调查整理生活语言中的味觉词语。具体内容如下。

1. 利用工具书或网络查找味觉词语的本义。
2. 利用所学烹饪专业知识,整理各个基本味型在烹调实践中的基本情况。例如"甜",要整理出"甜味"在中国烹饪发展中的应用状况,包括甜味原料取材、甜味地域差别、甜味及以甜味为主的复合味型菜肴及其特点等。
3. 尽可能多地收集整理与基本味觉词语相关的词汇、俗语等,举出典型例句,说明其含义及与味觉本义的关联。
4. 将调查结果汇总撰写成一篇小的调查报告,并配合制作图文并茂的展示电子演示文稿。

(二)进行学生分组

将学生按照能力均衡的原则分成 5 组,每组 5~7 人,设组长 1 人。各组根据意愿或抽签,每组负责整理一个味觉词语。

(三)确定时间安排

根据实际情况,确定整体时间安排。

二、小组分工合作，完成调查任务

（一）调查收集资料阶段

1. 组长将本小组人员根据特长分为"词义调研组"和"烹饪实践调研组"。

2. 两个调研组分头开展调研。

3. 方式：对自身已掌握了解的相关知识进行梳理，利用网络进行修正、补充和拓展，利用正式出版书籍、论文进行校对核实。

（二）成果汇总成文

1. 组长将本小组人员根据特长分成"文字撰写"和"电子演示文稿制作"两个小团队。

2. 文字撰写团队完成调查报告的撰写。

3. 电子演示文稿制作团队根据文稿制作图文并茂的展示电子演示文稿。

三、分组展示交流调研结果

1. 利用教室多媒体设备，分组展示成果。

2. 同学之间互相评议。

3. 教师点评总结。

【活动评价】

评价项目	评价标准	评价等级				教师评语
论文部分	内容收集途径多样，素材丰富	A	B	C	D	
	语言表达通畅，内容阐述清楚	A	B	C	D	
	结构逻辑清晰，层次安排妥当	A	B	C	D	
	表达形式和观点阐述有创新	A	B	C	D	
展示部分	内容准备充分	A	B	C	D	
	讲解清楚流畅	A	B	C	D	
	形式体现互动	A	B	C	D	
	体现全组配合	A	B	C	D	

【活动建议】

1. 多渠道收集资料，并将不同渠道收集来的资料进行比对，去伪存真。

2. 调查报告在内容框架一致的前提下，表现形式可个性化。

3. 各组应在展示交流结束后进行评议。评议的方式可以多样化，可以互评优点和缺点；可以评选最佳展示；可以就汇报中的争议问题进行讨论等。

4. 若条件允许，可将各组的文稿汇集成一个小册子。

附：

语文实践活动记录表

组名	
任务分工	组长：＿＿＿＿＿ 负责：＿＿＿＿＿＿＿＿＿＿＿＿＿＿ 组员：＿＿＿＿＿ 负责：＿＿＿＿＿＿＿＿＿＿＿＿＿＿ 组员：＿＿＿＿＿ 负责：＿＿＿＿＿＿＿＿＿＿＿＿＿＿ 组员：＿＿＿＿＿ 负责：＿＿＿＿＿＿＿＿＿＿＿＿＿＿ 组员：＿＿＿＿＿ 负责：＿＿＿＿＿＿＿＿＿＿＿＿＿＿
任务成果 要点	

成果记录人：　　　　　　　　　　　　本组汇报人：

第二节

饮食成语

　　成语是语言中经过长期使用、锤炼而形成的固定短语,它是比词的含义更丰富而语法功能又相当于词的语言单位。从古至今,中国人就十分重视饮食文化,保留下来了大量与饮食有关的成语。这些成语,尽管在意义上已经定型固化为特定含义,但也在无意间保留了大量关于古代烹饪饮食文化的要素,并将中华传统饮食文化的丰富内涵做了异彩纷呈的展现。通过学习这些成语,烹饪专业学生不仅可以为自己积累优秀的语言素材,同时也可以寻踪觅源,了解中国古代烹饪文化的源远流长。

主题阅读

饮食成语二则

举案[1]齐眉

　　梁鸿,字伯鸾,东汉文学家。梁鸿幼年丧父。虽然家境贫寒但学习刻苦,受业期间遍览古今典籍,经史子集无所不通。

　　汉章帝时,梁鸿去看望好友高恢,经过京城,作了一首《五噫歌》[2],大意如下:登上高高的北芒山,俯览脚下的帝京城,宫室是多么地崔嵬[3],老百姓的辛勤劳苦,却远远地没有尽头。章帝知道这首诗后勃然大怒,下令搜捕梁鸿。梁鸿闻讯后改名换姓,携妻儿逃至吴地(今苏州一带)后,在富商门下做雇工,全家三口总算有了安身栖所。白天梁鸿为人舂米,晚上每当他拖着疲倦的身子回家时,妻子孟光已经为他做好了喷香可口的饭菜。她非常敬重丈夫,不敢抬头直视,就半弯着身子将盛着饭菜的托盘举至眉前端给丈夫吃。这就是著名的"举案齐眉"典故的由来。

　　有一次被主人看见了,惊叹道:"能使他的妻子这样敬重他自己的人必非常人!"于是换了间大房子给梁鸿夫妇居住,自此梁鸿方得潜心学问,闭门著书十余部。

【注释说明】

一、注释

①案:古代有脚的食物托盘。下图为马王堆汉墓出土的漆器食案。

②《五噫歌》：原文为"陟彼北芒兮，噫！顾瞻帝京兮，噫！宫阙崔嵬兮，噫！民之劬劳兮，噫！辽辽未央兮，噫！"

③崔嵬：高大。

二、说明

1."举案齐眉"成语原文出自《后汉书·梁鸿传》：为人赁舂，每归，妻为具食，不敢于鸿前仰视，举案齐眉。

2."举案齐眉"及梁鸿、孟光的故事在古代文学作品中经常被借用，举例如下。

（1）王勃《滕王阁序》：嗟乎！时运不齐，命途多舛。冯唐易老，李广难封。屈贾谊于长沙，非无圣主；窜梁鸿于海曲，岂乏明时？

（2）王实甫《西厢记》：他人行别样的亲，俺跟前取次看，更做道孟光接了梁鸿案。别人行甜言美语三冬暖，我跟前恶语伤人六月寒。我为头儿看：看你个离魂倩女，怎发付掷果潘安。

（3）曹雪芹《红楼梦》：都道是金玉良缘，俺只念木石前盟。空对着，山中高士晶莹雪；终不忘，世外仙姝寂寞林。叹人间，美中不足今方信：纵然是齐眉举案，到底意难平。

[赏析指导]

梁鸿与孟光的故事流传千古，中国传统苏菜"梁溪脆鳝"，所说的梁溪，即指无锡由梁鸿组织修浚而得名的一条河。"举案齐眉"在现代汉语中，成为表达夫妻恩爱、相敬如宾的专用语，其意义与饮食的关系已相去甚远。然而这并不妨碍我们从中去发现古代饮食的秘密。

从这个成语中，我们能够看出，妻子孟光是将供丈夫享用的菜肴、主食和饮品放在食案上呈送给丈夫，而不是一家人围坐一桌，共享一顿丰盛的晚餐。这很充分地体现出，在汉代，中国人吃饭是实行分餐制的。

在两汉以前，无论是箪食瓢饮的穷苦百姓，还是列鼎而食的王侯将相，无论家庭内部的一粥一饭，还是宾客云集的盛大宴会，人们都是各吃各的，互不干扰。那时高脚的桌椅还未出现。人们吃饭一般席地而坐，讲究的要铺上筵、席，这也是我们现在将酒宴称为"筵席""酒席"的原因。古人把要吃的食物放在筵、席上，每个人根据仪节的规范坐在自己的位置上跪坐而食，尊贵的客人还会在身体旁安放"几"，以供累的时候依靠。分餐制最典型的例子，莫过于大家熟悉的鸿门宴了。

大约在战国时期,"举案齐眉"中的食案出现,案下有足,可以放在食者面前,上面摆放碗、杯、盘、箸等餐具。案的特点是比较轻便,人们将食者喜爱的食物放在案上,进奉给食者。

隋唐以后,西北地区少数民族的桌椅先后进入中原地区,桌腿、椅腿都变高、变大了,使围坐就餐有了物质基础,但在桌椅出现后的相当长一段时期内,中国人依然实行的是分餐制。在宴饮时,一般每人一桌一凳为一席,尊者居上,称首席。每人面前都有一套餐具和一份品馔,互不混杂,界限分明。在有些场合,即使表现的是围桌合餐的场面,常常在实质上还是分餐,人们围坐在一张桌子旁边,各自享用属于自己的食物。

随着"和"思想的慢慢渗透,这种"分餐"的筵席形式渐渐演变,到了清代,"合餐"已成为主流的餐饮形式。据史料记载,乾隆皇帝历次下江南,沿途宴饮无数,除皇帝由于其特殊地位而一人一桌独餐以外,其他随从人员都是围桌合餐。

兔死狗烹①

春秋时期,吴越之间经常起争端。后吴国打败越国,越王勾践委曲求全向吴国求降,去吴国给吴王夫差当奴仆。在大夫范蠡②的帮助下,越王勾践终于骗得夫差的信任,三年后,被释放回国。勾践为了不忘国耻,就每天晚上睡在柴草上,坐卧的地方也悬着苦胆,每天吃饭之前都要先尝一口苦胆。经过十年的奋斗,越国终于打败了吴国。

辅助越王勾践报仇雪恨的主要是两个人,一个是范蠡,还有一个是文种。勾践在灭掉吴国后,因范、文二人功劳卓著,便要拜范蠡为上将军,文种为丞相。但是范蠡不仅不接受封赏,还执意要离国远去。他不顾勾践的再三挽留,离开越国,隐居齐国。范蠡离开后,还惦记着好友文种,于是就派人悄悄送了一封信给文种,在信上告诉他:"你也赶快离开吧,我们的任务已经完成了。勾践心胸狭窄,只可与他共患难,不能同他共富贵。你要记住:'飞鸟尽,良弓藏;狡兔死,走狗烹'。"

但是,文种不相信越王会加害自己,坚持不肯离开,还回信说:"我立下这么大的功劳,正是该享受的时候,怎么能就这样离开呢?"果然文种当丞相不久,勾践就给他送来当年夫差叫伍子胥③自杀

时用的那把剑,同时带了这么一句话:"先生教给寡人九种灭吴的办法,寡人只用了三种,就把吴国给灭了,还剩下六种没有用,就请先生带给先王吧。"文种一看,就明白了,后悔当初没有听范蠡的劝告,无奈之下只好举剑自杀了。

【注释说明】

一、注释

①烹:在中国古代,烹的意思是"煮"。在《集韵·庚韵》中这样解释:"烹,煮也"。现在特指一种做菜的方法,即先用热油略炒之后,再加入液体调味品,迅速搅拌,随即盛出。

②范蠡:蠡,读作 lí,范蠡是春秋末著名的政治家、谋士、道家学者、名贾和实业家。被后人尊称为"商圣"。他出身贫贱,但博学多才,在辅佐越王勾践灭吴国,一雪会稽之耻后急流勇退,化名为"鸱夷子皮",三次经商成巨富,三散家财,自号"陶朱公"。后代许多生意人皆供奉他的塑像,称为财神。

③胥:读作 xū。

二、说明

1. "兔死狗烹"成语出自司马迁《史记·越王勾践世家》:范蠡遂去,自齐遗大夫种书曰:"蜚鸟尽,良弓藏;狡兔死,走狗烹。越王为人长颈鸟喙,可与共患难,不可与共乐。子何不去?"

2. 文学作品中的"兔死狗烹"。

(1)司马迁《史记·淮阴侯列传》:上(汉高祖刘邦)令武士缚信(韩信),载后车。信曰:"果若人言,'狡兔死,良狗烹;高鸟尽,良弓藏;敌国破,谋臣亡。'天下已定,我固当烹!"上曰:"人告公反。"遂械系信。至雒阳,赦信罪,以为淮阴侯。

(2)清黄遵宪《群公》诗:兵威肯薄牵牛罚,党论犹嗟走狗烹。

【赏析指导】

"兔死狗烹"是一个著名成语,说其著名,不仅因为文种、范蠡的命运让人唏嘘,更因为"狡兔死,走狗烹"的历史悲剧,在中国这个大舞台上不断上演,白起、蒙恬、韩信、徐达……不同的人物,相同的剧本,一个成语,鲜活地展示出封建时代君臣之间一幕幕令人感慨的往事。

在这个成语中,保留了"烹"这个烹饪词汇。其实在汉语中,还有不少词语、成语、诗文中都有这个字。比较著名的有老子《道德经》中"治大国若烹小鲜";唐代大诗人李白的名篇《将进酒》中"烹羊宰牛且为乐,会须一饮三百杯";白居易《寄李十一建》中"家酝及春熟,园葵乘露烹"。

"烹"作为一种烹饪技法,在古代其实指的是"煮"。在中国烹饪技术发展的历史中,"烹""煮""蒸"等以水传热的技法出现较早,因此得以在众多成语中保留,如若烹小鲜、蒸蒸日上、焚琴煮鹤等。此外,在很多词语中,都保留了烹饪的技术词汇,如在"脍炙人口"中,保留了"炙"法。"炙"是个会意字,上面是"肉",下面是"火",意为用火烤食物。在南宋词人辛弃疾名作《破阵子·为陈同甫赋壮词以寄之》中就有"八百里分麾下炙,五十弦翻塞外声"的句子。

伴随语言的传承,烹饪技法词汇在语言中也不断引申,很多都有了特定的隐喻意义。例如,我们常说"煎熬"一词,"煎"作为一种烹饪方法,是指锅里放油加热之后,将食物放进去,使表面变成焦黄；"熬"也是一种烹饪方法，是指将食物放在锅里加水长时间加热。将人的难受、痛苦的心理情态直观化，以拿在火上被煎熬的食物来做比喻，那种置于火辣的炉子之上，被烘烤、被榨取，却又不能自主的艰难境地被刻画得淋漓尽致，非常贴切。

在汉语中，还有众多这样浸染烹饪文化的词语，我们不仅要从烹饪的角度，体会饮食文化的渊源，也要从语文的角度体会语言的变化过程和精妙含义。

【读写探究】

一、利用工具书或网络检索，正确解释下列两则成语，并在已有文学作品中检索并摘抄使用这两则成语的例句

1.举案齐眉

(1)释义：

(2)例句：

2.兔死狗烹

(1)释义：

(2)例句：

二、请收集整理以下两类饮食成语

1.与"吃"的动作相关的饮食成语

_____　_____　_____　_____

_____　_____　_____　_____

2.与食物品种相关的饮食成语

_____　_____　_____　_____

_____　_____　_____　_____

三、请利用网络或书籍，查找历代可以体现"兔死狗烹"这个词含义的相关历史，谈谈你对这一问题的看法

扫码看答案

【知识拓展】

一、成语的来源

汉语言中成语数目众多，来源纷杂。但大体来说，有两个方面：一是来自有案可查的书面材料，如历史故事、寓言故事、小说诗歌、典籍文章等，这类成语大多是文言成语，书面色彩较浓，显得庄重、典雅；二是来自人民群众的口头创作，这类成语生活气息浓郁，大多通俗易懂，为人民所喜爱。下面就对成语的不同来源做简单的说明。

1. 很多成语来自我国古代的寓言故事和历史故事，如"画蛇添足""狐假虎威""掩耳盗铃"等。

2. 有些成语是从古书原句中截取或引用而来的。例如，"水落石出"是苏轼《后赤壁赋》里的句子：山高月小，水落石出。像这种截取或引用原句的成语，数量很多，如"一知半解""一鼓作气""分庭抗礼"等。

3. 有的成语来自对古书句子的凝缩或改造，如"贻笑大方"来自《庄子·秋水》"见笑于大方之家"；"一毛不拔"源自《孟子》里的一句话：杨子取为我，拔一毛而利天下，不为也。

4. 许多成语产生于人民群众的生产和生活，并在人们的生产和生活中广为流传，如"摩拳擦掌""顶天立地""偷天换日""装模作样"等。

5. 有些成语来源于佛教、道家等典籍或宗教语言，如"当头棒喝""一尘不染""想入非非""心心相印""鸡犬升天""脱胎换骨"等。

6. 有少量成语来自外民族。我国自明清以来，与西方各国的文化交流日益频繁，于是西方文化里的一些故事、格言等逐渐融入汉语言中来，有的就成了成语，如"火中取栗""象牙之塔""物竞天择"等。

7. 成语一经形成是不能随便改变的，但是有时候为了表达上的需要，也可以巧妙地加以改造使用，以求得更好的表达效果。这是成语的又一个来源，如"物极则反"和"物极必反"、"事半功倍"和"事倍功半"、"知难而退"和"知难而进"等。

8. 社会在不断发展，成语也随之发展，于是出现了一些新的成语，如："一分为二""分秒必争""传经送宝""百花齐放""厚今薄古""推陈出新"等。

二、与饮食有关的俗语

靠山吃山，靠水吃水	天下没有不散的筵席
不当家不知柴米贵	看人下菜碟
吃闭门羹	兔子不吃窝边草
好马不吃回头草	马不吃夜草不肥
又要马儿跑，又要马儿不吃草	大鱼吃小鱼，小鱼吃虾米
狗改不了吃屎	老牛吃嫩草
香饽饽	滚刀肉
乱成一锅粥	吃人家的嘴短，拿人家的手短
撑死胆大的，饿死胆小的	刀子嘴，豆腐心

酒香不怕巷子深	敬酒不吃吃罚酒
姜是老的辣	没吃过猪肉,也见过猪跑
萝卜快了不洗泥	萝卜白菜各有所爱
宁吃鲜桃一口,不吃烂桃一筐	饱汉不知饿汉饥
别拿豆包不当干粮	肉烂在锅里
生米煮成熟饭	贪多嚼不烂
吃一堑长一智	听人劝吃饱饭
剜到篮子里就是菜	心急吃不了热豆腐
一颗老鼠屎——坏了一锅汤	卤水点豆腐——一物降一物
不食人间烟火	癞蛤蟆想吃天鹅肉

【延伸阅读】

饮食类成语的文化心理

成语是一种可以保持几千年而不发生根本性变化的语言。笔者翻阅了商务印书馆2005版《成语大词典》共找到与饮食有关的成语152条,粗略地对这些与饮食有关的成语进行分类,大致可以分为以下三类。

1. 以饮食来比喻人的贫富。

在奴隶社会和封建社会里,生产资料由奴隶主、地主掌握,他们不仅占有劳动人民大量的劳动成果,甚至连失去自由的奴隶、雇佣农等也作为财产加以占有。吃饱、穿暖成为当时人民最基本,也是最迫切的想法,在普通下层人民(奴隶、雇佣农、自由农)眼中能吃饱、穿暖就是生活富裕的象征,是只有少数人才能享有的幸福。人们也就习惯从饮食来辨别家庭贫富、生活好坏及个人的身份地位,这样的成语不在少数。举例如下。

饱食暖衣:形容衣食充足,生活富裕。

食前方丈:吃饭时摆了一尺见方的食物。形容极为奢华。

靡衣玉食:穿着华丽之衣,吃着精美之食。比喻豪华奢侈的生活。

缺食无衣(缺衣少食):缺吃少穿。比喻非常贫穷。

饮冰食蘖:喝凉水,吃苦物。比喻生活极为艰苦。

甑尘釜鱼:甑、釜都是做饭用的一种器具。形容家境贫寒很久都没有开火了。

钟鸣鼎食:吃饭时击钟奏乐,列鼎盛食。形容权贵们生活的奢侈豪华。

瓦器蚌盘:陶土做的食器,蚌壳制的盘子,泛指粗劣的器皿。比喻生活节俭。

清灰冷灶:比喻生活贫困,很久没有生火做饭。

食玉炊桂:吃的东西像玉一样贵重,燃料同桂木一样珍贵。形容物价昂贵,生活艰苦。

啮雪吞毡:语出班固《汉书·苏武传》。比喻困境中的艰难生活。

2. 以饮食来比喻人的德行。

孔子曾称赞颜回曰:"贤哉,回也。一箪食,一瓢饮,在陋巷,人不堪其忧,回也不改其乐,贤哉,回也。"这里孔子从颜回饮食简单却能安贫乐道,将饮食与人物的品行联系起来,成语中也不乏这样的例子。举例如下。

疏食饮水（饮水曲肱）：意为粗茶淡饭，饮食简陋，语出《论语·述而》，正是儒家安贫乐道思想的体现。

饭囊衣架（酒囊饭袋）：盛饭的口袋，挂衣的架子。比喻无用的人。

瓦釜雷鸣：瓦锅中发出如雷一般的巨响。比喻庸才显赫。

膏粱子弟：膏粱，肥肉和细粮。指无所用心过着奢侈享乐生活的富贵人家弟子。

水米无交：没有什么来往。形容做官清正，不搜刮百姓。

饕餮之徒：饕餮，传说中贪吃的猛兽。形容贪吃的人。

咬钉嚼铁：钉，钉子。铁，铁器。比喻人意志坚强。

食不二味：吃饭时不吃两种菜肴。指饮食方面简朴。

拿糖作醋：对别人的请求故意表示为难来提高自己的身份。

食言而肥：食言，失信，说话不算数。比喻说话不算数，只图私利。

不为五斗米折腰：语出唐·房玄龄《晋书·陶潜传》，"吾不能为五斗米折腰，拳拳事乡里小人"。比喻为人清高有骨气。

鱼肉百姓：用暴力欺凌残害老百姓的行为。

数米而炊：比喻斤斤计较于琐碎的事情，后用来形容人吝啬。

3. 以饮食来比喻做人、做事的道理。

十九世纪德国心理学家冯特说：一个民族的词汇和文法本身就能揭示这个民族的心理特点。"衣食住行"是中国人经常挂在嘴上的四个字，也是我们日常关注的对象，在成语里就有许多以饮食来教人做人、做事的道理的。举例如下。

饮鸩止渴：喝毒酒解渴。比喻采取极有害的方法来解决眼前的困难，不顾严重后果。

贪多嚼不烂：吃多了消化不了。比喻盲目求多却难以运用。

众口难调：原指各人的口味不同，很难做出一种饭菜，使所有人都感到可口。比喻很难让所有人都满意。

炒沙作饭（蒸沙成饭）：用沙子来做饭。比喻白费力气，劳而无获。

无米之炊：做饭却没有米。比喻没有必要的条件不可能出成果。

指雁为羹：指着在天空中飞翔的大雁，说要把它做成肉羹。比喻空想或虚假不实。

饮水思源：喝水时想到水源。比喻不忘本。

舐糠及米：舐掉糠皮以后，再舔就是米粒了。比喻由外及里，逐渐侵蚀，得寸进尺。

添油加醋：比喻夸大事实，增添原来没有的内容。

综上所述，作为世界农业发展非常早的中国，我们的先民不仅学会种植水稻、蓄养家禽、酿造美酒，形成异常丰富的饮食文化；同时他们也将这些生活经验转化成了语言，其中的大部分又通过书面的文字长久地保存了下来，在成语、谚语、歇后语和日常用语中表现出来，组成绚丽多姿的饮食文化。饮食文化作为社会文化中不可分割的一部分，我们可以从其内容角度看到语言与社会紧密联系、相互依存的关系。

语文实践

成语故事会

【活动内容】

我们在前面结合"举案齐眉"和"兔死狗烹"两个成语,分析了饮食成语中保留的传统饮食文化。其实,在汉语中,许多饮食成语不仅包含着美丽的故事,也蕴藏着丰富的饮食文化信息。本次活动,我们将通过"成语故事会"的方式,展示我们学习饮食成语的成果。

【活动目标】

1. 通过实践活动,积累更多的饮食成语知识,提升自身的语文修养。
2. 通过实践活动,更深入地了解古代烹饪饮食文化,提升自己的专业修养。
3. 通过实践活动,体验自主学习的乐趣。
4. 通过实践活动,训练自己的当众表达能力。

【活动过程】

一、活动任务布置

(一)任务内容

本次活动的任务是从下面三个主题中任选一个主题,精心准备一则成语故事并按主题讲解相关饮食或烹饪知识。

1. 主题一:反映古代饮食品种的成语。
2. 主题二:反映古代饮食器具的成语。
3. 主题三:反映古代饮食习俗的成语。

(二)组织方式

1. 将全班分成3组,组内再自由结合形成2人一组的小团队。
2. 以大组为单位,任选或指定一个故事主题为本组的主题。各组主题不得重复。
3. 各大组内以2人小团队为单位,准备故事和知识讲解。一个人负责准备故事,一个人负责知识讲解。

(三)时间安排

根据实际情况,确定整体时间安排。

二、收集资料,形成文字和电子演示文稿

(一)调查收集资料阶段

1. 收集整理主题相关成语,越多越好。
2. 在所收集成语中,确定一个有代表性且有典故的成语,围绕这一成语,整理成语故事文本。
3. 围绕本组成语主题,收集反映在成语中的烹饪知识资料。

(二)成果汇总成文

1. 将收集的成语故事撰写成有自己风格的成语故事文本。
2. 根据收集的知识素材制作图文并茂的展示电子演示文稿。

三、组内交流选拔

组长组织本组成员交流、评议各个团队的研究成果,并选择2个优秀团队推荐给教师。

四、班内展示交流

1. 教师将各组推荐的展示团队进行合理编排,并制订评价标准,成立评委组。
2. 各团队依次上台展示,两人配合完成。
3. 评委为每个团队打分,评出最佳团队和最佳学习小组。
4. 师生总结评议。

【活动评价】

一、成语故事评价标准

(一)内容主题

紧密围绕主题,内容充实。

(二)表达技巧

1. 发音标准,吐词清晰、准确,语音语调适当,有感染力。
2. 语言生动、流畅,无忘词、卡壳、冷场现象。
3. 时间掌握恰到好处,不超时。
4. 能恰当运用肢体语言、多媒体等辅助手段。

(三)仪态仪表

大方、得体,举止从容、端正,精神饱满,态度亲切。

二、知识介绍评价标准

1. 内容符合主题要求,与成语结合紧密。
2. 内容正确、充实。
3. 形式上图文并茂,有条理。
4. 讲解表达语言明白、流畅。

【活动建议】

1. 故事和知识介绍要先整理成文字稿,知识介绍要制作图文并茂的电子演示文稿。
2. 每个2人团队都要准备,并做好组内选拔。组内评议建议采取书面形式。展示交流评分应制作更加可操作化的评分表。
3. 若采用评分的方式进行评价,建议应单独制订活动方案。

附：

语文实践活动记录表

组名	
任务分工	组长：_____　负责：_____ 小团队1组员：_____　负责：_____ 　　　　组员：_____　负责：_____ 小团队2组员：_____　负责：_____ 　　　　组员：_____　负责：_____ 小团队3组员：_____　负责：_____ 　　　　组员：_____　负责：_____ 小团队4组员：_____　负责：_____ 　　　　组员：_____　负责：_____
任务成果要点	
成果记录人：	本组汇报人：

第三节

饮食名言

　　中华文化源远流长,从先秦诸子到宋明大儒,给我们后人留下了丰富的文化典籍,他们中很多人在阐述学术见解、治国策略和修身主张时,善用饮食设喻,流传下不少饮食名言,还有一部分人则直接阐述自己对饮食的看法。作为一名即将走上工作岗位的厨师,如果能信手拈来,随口说出一些这样的名言,一定会令人刮目相看,给人以儒雅渊博的良好印象。因此,在这一专题,我们将介绍一些饮食名言,同学们通过学习、理解和熟记,不断增加自己的语文知识积累,提升自身的综合素养。

主题阅读

饮食名言三组

名言一:以食为天

饮食男女,人之大欲①存焉②。

——《礼记·礼运》

夫礼之初,始诸③饮食。

——《礼记·礼运》

王者以民为天④,民以食为天。能知天之天者⑤,斯可矣⑥。

——管仲

【注释说明】

一、注释

①大欲:最大的欲望。
②焉:兼词,"在这里"的意思。
③诸:相当于"之于"。
④天:最重要的人或事物。
⑤能知天之天者:能了解把握人民认为最重要的粮食的人。
⑥斯可矣:这个人就可以(治理好天下)了。

二、说明

（一）《礼记》

《礼记》相传由西汉戴圣对秦汉以前各种礼仪论著加以辑录、编纂而成,共49篇,是研究中国古代社会情况、儒家学说和文物制度的参考书。

《礼记》的内容主要是记载和论述先秦的礼制、礼仪,解释仪礼,记录孔子和弟子等的问答,记述修身做人的准则。该书内容广博,门类杂多,涉及政治、法律、道德、哲学、历史、祭祀、文艺、日常生活、历法等诸多方面,集中体现了先秦儒家的政治、哲学和伦理思想,是研究先秦社会的重要资料。

（二）管仲

管仲(前719—前645)名夷吾,字仲,被称为管子、管夷吾、管敬仲,颍上(今安徽省颍上县)人,周穆王的后代,辅佐齐桓公成为春秋时期第一个霸主,是中国古代伟大的政治家、经济学家、改革家。

【赏析指导】

这组饮食名言均源自春秋战国时代,其内容重在阐述饮食对于人类个体、人类社会发展及整个人类文明进步的重要意义。虽已时过千年,但这些有生命力的语言,依然能让每位立志从事餐饮行业的人都感受到自身工作的价值所在。

"饮食男女,人之大欲存焉"是记载于《礼记》中的孔子的观点,是儒家对饮食快乐最初的、质朴的表述,后来成为我国封建社会正宗一脉的饮食思想,一直得到人们的认同。但是需要说明的是,孔子讲饮食是人之大欲,却并不容许自己在吃喝之中萌生贪欲。孔子认为君子应"食无求饱,居无求安",并夸奖得意弟子颜回"一箪食,一瓢饮,在陋巷,人不堪其忧,回也不改其乐"。

"夫礼之初,始诸饮食"同样源自《礼记》。这句话向人们透露了一个重要的历史信息:人类从野蛮走向文明,无论是敬天地、祀鬼神,还是婚丧寿庆等一切礼仪活动都是随着饮食烹饪的进步而出现的。饮食活动中的行为规范是礼制的发端。饮食不仅满足人的口腹之欲,同样也在推动社会向更文明的阶梯迈进。

"民以食为天"这句出自管仲之口的话,已成为流传千古的名言。从中我们能看出,老百姓的吃饭问题始终是摆在统治者面前最重要的问题。一饮一啄,不仅关乎普通人家的小幸福,更关系到整个社会稳定的大格局。

名言二：饮食之道

食不厌①精，脍②不厌细。

——《论语·乡党》

五谷③为养，五果④为助，五畜⑤为益，五菜⑥为充。

——《黄帝内经·素问》

吾谓饮食之道，脍不如肉，肉不如蔬。

——李渔《闲情偶寄》

【注释说明】

一、注释

①厌：满足。

②脍：细切的肉。

③五谷：稻、黍、稷、麦、菽五种粮食，泛指五谷杂粮。

④五果：桃、杏、李、枣、栗五种果品，泛指各种水果。

⑤五畜：牛、犬、羊、猪、鸡五种畜类肉，泛指各类畜禽肉。

⑥五菜：葵、韭、藿、薤、葱五种蔬菜，泛指各类蔬菜。

二、说明

（一）《黄帝内经》

《黄帝内经》是中国传统医学四大经典著作之一，是中国现存较早的重要医学典籍。《黄帝内经》起源于轩辕黄帝，代代口耳相传，后又经医家、医学理论家联合增补发展创作，约于先秦至西汉间结集成书。《黄帝内经》分《灵枢》《素问》两书，以黄帝、岐伯、雷公对话、问答的形式阐述病机病理，在理论上建立了中医学的"阴阳五行学说""脉象学说""藏象学说"，是生理学、病理学、诊断学、治疗原则和药物学的医学巨著。

（二）李渔

李渔（1611—1680），明末清初戏曲家、文学家，字谪凡，号笠翁，浙江兰溪人，著有传奇类作品《比目鱼》《风筝误》等10种、小说集《十二楼》等15篇和《闲情偶寄》等多种著作。

【赏析指导】

饮食固然重要，而如何对待饮食更能反映一个人的境界、修养和追求。在这组名言中，你能体会到，我们中华烹饪文化之所以如此博大精深，与这些名言阐述的饮食之道密不可分。

"食不厌精，脍不厌细"是孔子对饮食的要求。从孔子的本意来讲，其所谓对食物精与细的要求，主要从自己的政治主张的核心"礼"出发，强调在做祭祀用的饮食时，应选用上好的原料，加工时要尽可能精细,这样才能达到尽"仁"尽"礼"的意愿。因此说孔子的饮食思想是与祭祀相联系的,是建立在"礼""仁"的崇儒重道基础之上的。尽管如此,由于孔子在封建时代地位如此之高,以至于他的这句有特定含义的话,对后世中国烹饪讲求选料、讲究刀工火候的整体风格走向产生了极其深远的影响。

"五谷为养,五果为助,五畜为益,五菜为充"出自《黄帝内经》。在这句话中,日常食材中最核心的四类——谷物、水果、肉类、蔬菜悉数囊括,并通过"养、助、益、充"四个字简明扼要地阐述了四者的关系。在这里,所谓的"五"并不是特指,而是泛指此类食材。透过这句话,能折射出中国传统饮食文化中重要的特征之一——注重养生。中国传统烹调理论强调"医食同源"的基本观念,注重食物与人体健康的关系,突出食物对人体的调理保养,提倡谷肉果菜的合理搭配。

"吾谓饮食之道,脍不如肉,肉不如蔬"是明末清初戏曲家李渔的饮食观点。李渔是戏剧方面的杰出人物,在饮食方面也很有研究。他在著作《闲情偶寄》中,提出了重视素食的主张。他认为,蔬菜让人更加"渐进自然",远肥腻,甘蔬素,才能健体养生。

名言三:治国修身

治①大国若烹小鲜②。

——老子《道德经》

一粥一饭,当思来之不易;半丝半缕,恒念③物力维艰④。

——朱伯庐《朱子治家格言》

【注释说明】

一、注释

①治:治理。

②鲜:泛指能吃的鱼虾。

③恒念:时常想着。

④物力维艰:物,物资;力,财力;维,是;艰,困难。指财物来之不易。

二、说明

(一)老子

老子,姓李名耳,又称老聃。中国春秋时期伟大的哲学家和思想家、道家学派创始人,在唐朝时期被武则天封为太上老君。老子著有《道德经》(又称《老子》),其作品精华是朴素辩证法,主张"无为而治",其学说对中国哲学发展具有深刻影响,在道教中老子被尊为"道祖"。

(二)《朱子治家格言》

《朱子治家格言》是以家庭道德为主的启蒙教材。作者朱伯庐,清江南昆山(今属江苏)人,著名理学家、教育家。《朱子治家格言》全文仅520余字,精辟阐明了修身治家之道,是一篇家教名著。其中许多内容继承了中国传统文化的精髓,如尊敬师长、勤俭持家、邻里和睦等,在今天仍有积极的现实意义。

【赏析指导】

人们习惯用自身最密切、熟悉的事物表达对事物的看法,即所谓"近取诸身"。饮食生活就是其中最重要的一类类比、代指素材。这一点在这两则名言中,充分得以体现。

"治大国若烹小鲜"是老子用烹饪技巧来阐释其治国理念。在烹饪中,烹制小鱼最见功力,其中的一个要点就是不能过于频繁地翻动,否则鱼形破碎,难成佳肴。同样治理国家也是如此,统治者如同厨师,人民好比锅中的小鱼,过于繁复的政令,好比频繁地翻动小鱼一样,反而会使民不堪命。只有"无为"才能实现"垂拱而治"。

"一粥一饭"句,出自《朱子治家格言》,是一句非常有名的修身持家格言。在这里,"一粥一饭"借指生活中微不足道的物质条件。格言本身讲求的节约精神,对于厨师工作也同样意义重大。

【读写探究】

一、给下列加点字标注拼音

夫(　　)礼之初　　脍(　　)不厌细　　五谷为(　　)养　　饮馔(　　)

半丝半缕(　　)

二、按下面表格形式将本节八则名言进行资料整理

序号	原　文	翻　译	出　处	核心思想观点
1	食不厌精,脍不厌细	制作食物越精美越好,肉切得越细越好	《论语·乡党》	追求菜肴的精美及技术的精细
2				
3				
4				
5				
6				
7				
8				

三、熟练背诵三组饮食名言,并任选一句,表达你对这句名言的理解

扫码看答案

【知识拓展】

一、对偶修辞

"一粥一饭，当思来之不易；半丝半缕，恒念物力维艰"是典型的对偶句，对偶是平时最常见又最常用的修辞手法之一，它是用字数相同、结构形式相似或相同、意义对称的一对短语或句子来表达两个意思相对或相近的修辞方式。它便于吟诵，易于记忆；常用于诗词，给人以音乐的美感；且表意凝练，抒情酣畅。

1.对偶的内容。上下两句从两个角度、两个侧面，说明相同的一个事，在意思上是有相近、相似、相补、相称关系的对偶形式叫作正对。例如，刘禹锡《陋室铭》里的句子"谈笑有鸿儒，往来无白丁"，分别从"谈笑"与"往来"两个角度写陋室的朋友，一个"有"字，一个"无"字也构成了鲜明的对比。上下两句从矛盾对立的两方面着眼，在意思上有相反或相对关系的对偶形式叫作反对。例如，《尚书·大禹谟》里的"满招损，谦受益"句子分别从"自满"和"谦虚"两个相对立的方面去谈，态度不同，结果就不同。上下两句着眼于相关联的事物，在意思上具有承接、递进、因果、假设、条件等关系的对偶形式叫作串对或者流水对。例如，孟浩然《过故人庄》中的句子"绿树村边合，青山郭外斜"，前者写绿树在村边环绕，后者写青山在村外平斜，既有均齐之美，又意思连贯，自然而不呆板。

2.对偶的形式。上下句字数相等、词性相同、结构相同、平仄相对、不重复用字的称严式对偶。例如，刘禹锡《陋室铭》里的句子"苔痕上阶绿，草色入帘青"中两句都是五五相对，字数相同。"苔痕"对"草色"，都是名词，属于偏正式结构；"上"对"入"，都是动词；"阶"对"帘"，都是名词；"绿"对"青"，都是形容词，词性相同，结构也相同，平仄也相对，也没有重复用字，是典型的严式对偶（工对）。只要具备严式对偶条件中的"字数相等、结构相同"，其他条件比较宽松的称宽式对偶。例如，陆游《游山西村》中的"山重水复疑无路，柳暗花明又一村"，"山重水复"对"柳暗花明"，对仗工整，"疑"是一个动词，"又"却是一个副词，词性不同，属于宽式对偶。

3.对偶的结构。第一种情形是上下两句整句对偶。例如，常建《题破山寺后禅院》中的句子"山光悦鸟性，潭影空人心"，这两个句子是常建五言律诗的颈联，对仗很工整，是整句对偶。第二种情形是句子中内部成分的对偶。例如，郦道元《三峡》中的句子"有时朝发白帝，暮到江陵"，其中"朝发白帝，暮到江陵"构成了对偶修辞，但在前面还出现了"有时"一词，这个句子就属于内部成分的对偶。

二、汉语中的数字"五"

在《黄帝内经》中提出了"五谷""五果""五畜""五菜"的说法。其实在汉语中，"五"是一个比较特殊的数字。

"五"是会意字，从二，从乂。"二"代表天地，"乂"表示互相交错。本义：交午，纵横交错。东汉许慎《说文解字》中解释道：五，阴阳在天地之间交午也。《史记·项羽本纪》中写道：吾令人望其气，皆为龙虎，成五采，此天子气也。中国自古就有"六"是阴数，"九"是阳数之说，而五是代表阴阳平衡的数字。在象征天地之气的河图洛书里，五在中心，足见五是一个支配天地之气的数字。

随着传统文化的不断发展，衍化出更多的"五"之数。

五行——金、木、水、火、土。
五方——东、南、中、西、北。
五色——青、赤、黄、白、黑。
五谷——稻、黍、稷、麦、菽。
五味——酸、甜、苦、辣、咸。
五气——风、暑、湿、燥、寒。
五音——宫、商、角、徵、羽。
五蕴——色、受、想、行、识。
五常——仁、义、礼、智、信。
五伦——君臣、父子、夫妇、兄弟、朋友。
五义——父义、母慈、兄友、弟恭、子孝。
五岳——东岳泰山、西岳华山、南岳衡山、北岳恒山、中岳嵩山。
五经——《诗经》《尚书》《礼记》《周易》《春秋》。

【延伸阅读】

《朱子治家格言》精选

黎明即起，洒扫庭除，要内外整洁。

宜未雨而绸缪，毋临渴而掘井。

饮食约而精，园蔬胜珍馐。

子孙虽愚，经书不可不读。

勿贪意外之财，勿饮过量之酒。

施惠勿念，受恩莫忘。

凡事当留余地，得意不宜再往。

人有喜庆，不可生妒忌心。人有祸患，不可生喜幸心。

善欲人见，不是真善。恶恐人知，便是大恶。

孔子的"八不食"

在"食不厌精，脍不厌细"思想指导下，孔子提出了"八不食"的饮食主张：食饐而餲，鱼馁而肉败，不食；色恶，不食；臭恶，不食；失饪，不食；不时，不食；割不正，不食；不得其酱，不食；沽酒市脯，不食。

语文实践

食语擂台赛

【活动内容】

在这一单元，我们全面学习了与饮食烹饪有关的各类词语名言。掌握这些语言，对于我们来说看似简单,其实要做到熟练也很不容易。本次活动,我们将以知识竞赛的方式帮助大家巩固所学语言知识。

【活动目标】

1.通过实践活动,促进对于烹饪语言知识的了解、掌握和记忆。

2.通过实践活动,培养团队合作意识和力争上游的竞争意识。

3.通过实践活动,培养自我表达展示的自信心。

4.通过实践活动,训练自己的活动组织能力。

【活动过程】

一、活动任务布置

1.活动形式:现场知识竞赛。

2.组织方式:全班分成5组,以组为单位参加比赛。

3.时间安排:根据实际情况,确定整体时间安排。

二、比赛筹备阶段

(一)竞赛题准备

1.类型:必答题、抢答题、选答题和附加题。

2.形式:选择题、判断题、问答题。

3.内容:饮食类词语、俗语、名言的含义、用法、出处、作者、典故;饮食语言相关的烹饪文化知识。

(二)竞赛组织准备

1.讨论制订比赛的流程和基本规则。

2.主持人:推荐班内男女主持人各1人。

3.其他组织工作分工如下。

第一组:布置会场桌椅。

第二组:绘制黑板主题图文。

第三组:调试并现场控制多媒体设备。

第四组:竞赛公开试题的整理,并现场计分。

第五组:赛后收拾会场。

三、比赛实施

每组选派3名选手代表本组比赛,其余同学进行服务或观赛。整个比赛在教师的总体协调下,由全体同学共同组织完成,教师担任比赛的仲裁,负责解决过程中出现的突发情况。

【活动评价】

1.竞赛成绩优胜奖:按照比赛规则,最终在比分中领先的前两组为竞赛成绩优胜组。

2.竞赛组织优秀奖:教师对于各组在整个比赛组织过程中完成工作的态度、效率、质量进行评价,选出竞赛组织优秀奖。

【活动建议】

1. 试题准备建议分为两个部分，公开部分和不公开部分。两个部分的比例建议控制在7∶3。
2. 比赛场地可因地制宜，选择在教室完成。
3. 制订好比赛规则，并注意维持好现场秩序，防止因秩序混乱影响比赛效果。
4. 现场抢答题应有一定难度，并辅以答错扣分规则，避免因抢答设备不足而导致无法确定抢答者的局面。
5. 对于部分需用到多媒体设备的试题，应提前调试好设备。

"食言食语"擂台赛竞赛题

第二单元

食海诗航

◆学习导读

　　中国自古就有诗教的传统。诗歌以其短小精悍、朗朗上口的优点获得了中国人的喜爱，成为中华民族文化传承的一种有效形式。

　　在灿若星辰的中国传统诗歌中，有一类专以美酒美食为讴歌对象的作品，它们经苏轼、陆游等伟大诗人的妙手偶得，千百年来在中华大地代代相传，构成了中华传统饮食烹饪文化的重要组成部分。

　　学习优秀古典饮食诗歌，不仅可以提升我们的职业文化素养，更有意义的是，可以让我们将传统文化融入烹饪技艺的传承和美食文化的创新发展中，让中华烹饪文化变得更加具有生生不息的生命力。

第一节

美食古诗

"合仄押韵,句式简短、整齐"是诗歌的重要特征,也是古代诗歌能够广为传诵的必要条件。押韵则读来朗朗上口,句式简短、整齐则便于记忆。中国文学史上,诗歌是文学艺术皇冠上的明珠,是语言的舞蹈;生活中,不仅文人雅士喜欢吟诗作赋,甚至是普通百姓都能随口来那么两三句唐诗宋词,作为一名传承饮食文化的中职学生,你能吟诵几首与饮食文化相关的古诗吗?

主题阅读

饮食诗三首

猪肉颂

苏轼

净洗铛①,少著水,柴头②罨③烟焰不起。
待他自熟莫催他,火候足时他自美。
黄州好猪肉,价贱如泥土。
贵者不肯吃,贫者不解煮。
早晨起来打两碗,饱得自家君莫管。

【注释说明】

一、注释

①铛:音 chēng,铁锅。
②柴头:柴禾,做燃料用的柴木、杂草等。
③罨:音 yǎn,掩盖、掩覆。

二、说明

苏轼(1037—1101),字子瞻,号东坡居士,北宋著名文学家、书画家,宋代文学成就的代表。汉族,眉州眉山(今属四川省眉山市)人。其诗题材广阔,清新豪健,善用夸张比喻,独具风格,与黄庭坚并称"苏黄"。词开豪放一派,与辛弃疾同是豪放派代表,并称"苏辛"。又工书画。著有《东坡七集》《东坡易传》《东坡乐府》等。苏轼本人是个美食家,宋人笔记小说有许多苏

轼发明美食的记载。苏轼在杭州为官时,五六月间,浙西大雨,太湖泛滥。苏轼指挥疏浚西湖,筑苏堤。杭州百姓为感谢他,过年时,大家就抬猪担酒来给他拜年。苏轼指点家人将猪肉切成方块,烧得红酥,然后分送给大家吃,这就是东坡肉的由来。

【赏析指导】

  这是苏轼写的一首打油诗,诗中不仅叙写了做"东坡肉""东坡肘子"等猪肉类菜肴的技术要领,而且表现了诗人经过实践,独得"炖肉"要诀时自得其乐的心境。

  诗的前两句,苏轼先写了猪肉做得美味的几个关键要素:一是要先洁净器具;二是注意水量的控制,要少;三是注意火力的控制,要微火煨炖;四是厨师做菜时的心态调理,要有耐心,"莫催他"。

  诗的后三句,通过"好猪肉""价贱如泥土"的不合情理(俗语云:一分价钱一分货),"贵者不肯吃,贫者不解煮"的不受待见,一系列反面的铺垫,突出诗人善于发现的"慧眼",独出新意,化平凡为神奇的厨艺,以及乐在其中、欢喜自知的豁达心境。

  虽然是一首打油诗,但也体现了苏轼的文字功底,整首诗语言朴实、风趣、浅显易懂。发现美食的自喜,享受猪肉美味的自得之情,溢于言表,为我们塑造了一个懂生活、有情趣的诗人形象。但若结合苏轼的身世经历,我们就能了解到其实这种怡然自得的心境是来之不易的,有兴趣的同学可以参阅后面的延伸阅读。

戏咏馓子①赠邻妪

苏轼

纤手搓来玉色匀,
碧油煎出嫩黄深。
夜来春睡②知轻重,
压扁佳人缠臂金③。

【注释说明】

  一、注释

  ①馓(sǎn)子:一种油炸的食品,古时为环钏形,现在细如面条,呈栅状,类似今天的油饼、油条。

  ②春睡:形容没睡醒,慵懒、迷糊之态。

  ③缠臂金:或曰臂钏,是一种我国古代女性缠绕于臂的装饰,用金银带条盘绕成螺旋圈状,所盘圈数多少不等。其奥妙在于,从各个角度看,都是数道圆环,如手镯般美丽。臂钏为古时女子的普遍饰物。

  二、说明

  关于这首诗,有一个美丽的传说,苏轼被贬海南岛,当地有一位卖环饼的邻居,手艺非常好,做出的环饼又香又脆。可惜店铺的位置偏僻,生意很不景气。一日,苏轼偶然路过,品尝了邻居做的环饼,觉得味道很好。他见到邻居生活贫苦,不禁心生恻隐,于是挥笔写下此诗。这寥寥28字将环饼匀细、色鲜、酥脆的特点刻画得淋漓尽致,既富有诗意,又勾起人们的食欲。邻居将这首诗高悬门上,果然起了招徕的作用,人们读了都上门买饼,生意日益兴隆。

【赏析指导】

这是一首描写环饼制作过程和环饼成品特点的诗,诗人通过"纤手""玉色""佳人"等词汇,勾画出佳人所做环饼匀细、酥脆的特点和形似美人环钏的形状。

诗的开头"纤手"一句,令人眼前一亮,仿佛一双莹润洁白的女子之手正在揉搓推捏,在妙手的制作下,如玉色一般均匀润泽的环饼徐徐展开……再经过碧绿的酥油的煎炸,嫩黄香脆的环饼就做成了。诗的头两句写实,一个"匀"字,点明做饼女子纤手的技巧高妙;在"碧油"的映衬下"嫩黄"更显其色"深";结合生活经验,不难想象这样的环饼是如何的酥脆!诗的第三句"夜来春睡知轻重"一转,由实转虚,从眼前实景转向读者自身的生活经验:夜里酣睡,翻身不知轻重,无意中压扁佳人放在枕边的"缠臂金"。由虚写的翻身"轻重"转向眼前"环饼"的形状的实景,与本诗开头的"纤手"遥相呼应。

苏轼通过动作(搓)、色彩(玉色、碧油、嫩黄)的描摹,实物类比(环饼与缠臂金)的巧妙联想,形象生动地向读者展现了环饼的色彩、外形等特点,给读者带来了美的享受,未尝其饼,即已被吊足了胃口。

对食戏作

陆游

霜余蔬甲①淡中甜,
春近灵苗嫩不蔹②。
采撷归来便堪煮,
半铢③盐酪④不须添。

【注释说明】

一、注释

①蔬甲:蔬菜的萌芽。

②蔹:音 liǎn,同"敛",收拢。

③铢:音 zhū,古代重量单位,二十四铢等于旧制一两(亦有其他说法,标准不一)。锱铢指古代很小的重量单位,比喻极微小的数量。

④盐酪:音 yán lào,盐和乳酪。

二、说明

陆游(1125—1210),南宋诗人。字务观,号放翁。汉族,越州山阴(今浙江绍兴)人。少时受家庭中爱国思想熏陶,绍兴中应殿试,为秦桧所黜。孝宗时,赐进士出身。中年入蜀,投身军旅生活,官至宝谟阁待制。晚年退居家乡。其一生笔耕不辍,创作诗歌很多,今存九千多首,内容极为丰富。与王安石、苏轼、黄庭坚并称"宋代四大诗人",又与杨万里、范成大、尤袤合称"中兴四大家"。著有《剑南诗稿》《渭南文集》《南唐书》《老学庵笔记》等。

【赏析指导】

陆游晚年喜欢素食,从本诗我们可以看到,他所突出的蔬菜美食的特点——"甜""嫩"及无须放调味料。这种饮食倾向,反映了陆游崇尚天然、回归本原的人生态度和对田园生活的自我欣赏。

蔬菜在经霜之后,会将淀粉类的物质转化成糖类,打过霜的蔬菜会比较甜,所以,农谚中有"霜打的蔬菜分外甜"的说法。陆游在这基础上又着重点出"蔬甲",蔬菜的嫩叶在经霜之后,不仅甜而且嫩。"蔬甲"暗合后面的"灵苗嫩不芟",显示了诗句的完整统一。诗的第三句,"采撷归来便堪煮",说的是蔬菜采摘完了,就可以做菜,可见其便利。当然,也因为蔬菜采摘和制作的时间间隔短,于是做出的菜特别鲜美,一点调味料(盐酪)都不用加,美味天成。既甘甜,又便利,又鲜美,这样的美食如何能不受人们的喜欢呢?这样一种真水无香、返璞归真式的饮食理念即使在当代也是很流行的。

【读写探究】

一、给下列加点的字注音

铛(　　)　罨(　　)　锱铢(　　)　馓子(　　)　环钏(　　)　芟(　　)
盐酪(　　)　熏陶(　　)

二、解释下面的词语

1. 少著水:

2. 柴头罨烟:

3. 不解煮:

4. 纤手:

5. 春睡:

6.霜余：

7.蔬甲：

三、试述打油诗与一般古诗的异同

四、阅读以上三首诗，谈谈你的饮食倾向

以上三首诗，《猪肉颂》说的是荤菜，《戏咏籛子赠邻妪》说的是面食，《对食戏作》说的是素菜，在生活中，你的饮食倾向是哪一类呢？这一类中，你对哪一道菜特别喜爱？请试述原因，并寻找相关的古诗。

"饮食诗词大会"竞赛题

扫码看答案

【知识拓展】

诗韵和平仄

王力

诗写下来不是为了看的，而是为了"吟"的。古人所谓"吟"，跟今天所谓朗诵差不多。因此，诗和声律就有极其密切的关系。诗词的格律主要就是声律，而所谓声律只有两件事：第一是韵，第二是平仄。其中尤以平仄的规则最为重要，可以说没有平仄规则就没有诗词格律。现在先请大家读几首唐诗：

登鹳雀楼

王之涣

白日依山尽，黄河入海流。

欲穷千里目，更上一层楼。

相思

王维

红豆生南国，春来发几枝。

愿君多采撷，此物最相思。

江南曲

李益

嫁得瞿唐贾，朝朝误妾期。

早知潮有信，嫁与弄潮儿。

　　这是三首五言绝句。在这些诗里，逢双句押韵。所谓押韵，就是把同一收音的字放在同一位置上，一般是放在句尾。韵的作用是构成声音的回环，也就是形成一种音乐美。如《登鹳雀楼》，"流"字读 liú，"楼"读 lóu，都是收音于 ou 的；《相思》，"枝"字读 zhī，思字读 sī，都是收音于 i 的。这就显得非常和谐了。

　　有时候，依照现代普通话的语音去读并不和谐，这是因为时代不同，语音有了发展。例如《江南曲》，"期"字读 qī，"儿"字读 ér，很不和谐，但是如果依照上海话的白话音来读"儿"字，就十分和谐了，因为上海白话"儿"字念 ní，在很大程度上保存了唐代的古音。

　　至于讲到平仄规则，就必须先说明什么是平仄。古代有四个声调，即平声、上声、去声、入声。平声以外，其余三声都是仄声（仄就是不平的意思）。平声大约是比较长的音，而且是一个平调，不升也不降；其余三声大约是比较短的音，有升有降，因此形成了平仄的对立。诗人们利用这种对立来营造诗的节奏美。

　　上面所引的三首五言绝句是依照同一个平仄格式写成的。每首只有二十个字，其平仄格式如下：

（仄）仄平平仄　平平仄仄[平]

（平）平平仄仄　（仄）仄仄平[平]

　　注意字外带括号表示该字可平可仄，字外带方框表示该字需押韵，下同。

　　有一件事值得注意：在普通话里，平声已经分化为阴平和阳平；入声已经消失了，分别归入阴平、阳平、上声和去声。平声好办，只要把阴平和阳平同等看就是了。入声归入上声、去声的也都好办，反正上、去两声也都是仄声。唯有归入阴平、阳平的入声字就非查字典不可（可查商务印书馆出版的《同音字典》）。大概平仄格式上标明仄声而普通话读平声的字，多半是古入声。这三首诗中的入声字是"白""日""入""欲""目""一""国""发""撷""物""得""妾"。特别值得注意的是"国""发""撷""得"，它们在普通话里都变成了平声，而它们所在的位置是规定要用仄声字的。

　　这三首诗是严格依照平仄格式写成的。一般来说，每句的第一个字可以不拘平仄。试看第一句第一个字，"白""嫁"是仄，而"红"是平，第三句和第四句的第一个字，这里三首诗都是用了仄音，但是在其他唐诗中也有用平声的。唯独像"平平仄仄平"这样一个五言平仄句式（在这三首诗中是第二句），第一个字只能用平声，不能用仄声，否则叫作"犯孤平"。

　　这一讲所讲的是最基本的知识，这里讲的虽然是五言，但是也可以类推到七言。这里讲的虽然是绝句,但是也可以类推到律诗。讲的虽然是诗,但是也可以类推到词。

【延伸阅读】

苏轼《猪肉颂》诗歌赏析(节选)

黎烈南

中国人对于餐桌上的一道菜——"东坡肘子",每美餐一回,都津津乐道;其实,现在我们所吃的东坡肉,比起当时苏轼的做法,已有很大改进。像现在用的雪豆、葱、绍酒、姜、盐等,在苏轼时代不可能有这么多花样。然而,今天与当初东坡的做法有一点却是未变的——慢慢用微火煨炖。现在眉山的东坡肘子,要移到微火上煨约3小时,直至用筷子轻轻一戳肉皮即烂为止。苏东坡在煨炖时,用多少时间,现在已经不得而知了。但是,我们从苏轼的这首《猪肉颂》里一眼就能发现其中的核心语句:"柴头罨烟焰不起"——你看,这不就是强调用微火来煮炖的意思吗?慢火煨炖,这是东坡肘子的精髓,没有了这微火煨炖之法,也就失去了东坡肘子的"灵魂"。

这是苏轼在实践中不断摸索的结果。若是用急火,不但容易将猪肉煮焦,而且肉与作料的味道不能全部煮出。只有用微火,慢慢地煮烂,不但吃起来好消化,而且口感佳,五味俱全。所谓"少著水",目的在于:当肉煮烂了,水也刚好没有了,这样,软软的、鲜嫩可口的煮肉,就可入口品尝了。

或问,答案有了,东坡肘子是微火炖出来的——尽人皆知。除了美食家的素质与创新之外,还另有什么名堂不行?

东坡肘子的出世,除了掌握了烹调之规律外,还另有"软实力"的因素。

首先,请品味一下苏轼煮肉及作此诗时的心态——一个在艰难困窘中的诗人的心态。须知,苏轼在炖煮东坡肉之前,经历了一次生死的大考验。他凭着对国家、民族的强烈的责任感写了许多诗文,批评了执政者,被关进了监狱,几乎被置于死地。当他被免于一死,被朝廷发落到黄州这一蛮荒之地,生活条件的窘迫,周边环境的恶劣,尤其是他这闻名全国的大文豪的狼狈处境,都足以让他心情坏乱,颓废沉沦而难以振作。处如此逆境下,他的觉,怎能睡好,茶饭,怎能香甜?而苏轼却用其坚韧性格,展示了一个乐天派的生活情趣。"东坡肉"与《猪肉颂》,就是在生活极其艰难、境遇极其糟糕的情形下诞生的。知晓苏轼的从生死关口挣脱出来的情景,就不难体会到《猪肉颂》中所闪烁的超乎常人的平和乐观精神了。

我们看到,在逆境中的苏轼迅速调整了状态,耐心地研究起猪肉的烹调艺术来了。"净洗铛"——把锅子洗得干干净净,表明作者的一丝不苟和他对烹调的极其执着、投入的心态。不要小看这寥寥的三个字,这是追求最洁净、最佳烹调效果的具体表现。也是他心情平静,荣辱不关于心的精神境界的微妙体现。另外,"待他自熟莫催他,火候足时他自美"这两句的口吻,以及"自""莫""火候足""他自美"诸字句,都透露出一种不急不火的从容心态,展示了烹调者的自得悠然形象。东坡已经入境了——一种全力投入、忘却自我的创造性境界。他确信,他的这一烹调手段,必将获得"他自美"的美妙结果。我们再来看,作者那"黄州好猪肉,价贱如泥土。贵者不肯吃,贫者不解煮"的叹息,更进一步用反衬法衬托出了发明新烹调艺术的快意、乐观。他在想,偌大的黄州,面对这样好质量的猪肉,竟然无一人能研究、创造出上好的烹调技术!可以说,在艰难困苦下的这种乐观、适意心情,成了苏轼创作出这独一无二的"东坡肉"的重要前提条件。

苏轼对事物感悟的某种独特思路也有助于我们理解东坡肉诞生的深层原因。

让我们先来看看苏轼的学习方法。苏轼读书,有著名的"八面受敌"之法,在《又答王庠书》中,他曾经这样叙说过:每读书,皆作数过尽之。书富如入海,百货皆有之,人之精力,不能兼收尽取,但得其所欲求者耳。故愿学者,每次作一意求之。如欲求古今兴亡治乱圣贤作用,但作此意求之,勿生余念。又别作一次,求事迹故实典章文物之类,亦如之。他皆仿此。此虽迂钝,而他日学成,八面受敌,与涉猎者不可同日而语也。甚非速化之术,可笑!可笑!

苏轼这著名的"八面受敌"之法,其实便是对经典、书籍的重温之法。或一书分作数次读,或一次只注意某一问题,或关注"兴亡治乱",或着重于"圣贤作用",或探究"事迹故实典章文物",因而对史著分门类悉心掌握,汇为一己心得加以发挥。这种一遍又一遍地反复阅读,其实与作者煮东坡肉时的一次又一次地添柴、烧火,从而把肉与作料的滋味逐渐地深入骨髓、遍及全体非常相似!你看,通过一遍又一遍的温习、思考,苏轼能将一本书的各种味道,从各种角度思考多遍,从而洞晓了其中的各种奥秘。仔细思考我们会发现,苏轼的读书与煮炖猪肉的规律有内在的一致性。即他在《猪肉颂》里所说的:"待他自熟莫催他,火候足时他自美",只有不间断地、反复深入地实践于所做(看似平凡的)工作当中,才会有奇迹发生。苏轼是一个天才,可是一般人很难想象到,他这样天马行空般的天才,在读书乃至煮炖猪肉时,竟是如此"笨拙",下的是如此"愚笨"的气力!

苏轼是读书的内行,是煮肉的内行,更是对待生命与学问的一位大内行。他的秘诀就是脚踏实地,一步一个脚印地做人、做文章。你看,他的修养之术:古之人,其才非有以大过今之人也,其平居所以自养而不敢轻用以待其成者,闵闵焉如婴儿之望长也。弱者养之以至于刚,虚者养之以至于充。(《稼说》)他说,古人自我修养的方法,如同父母养婴儿般的耐心,不浮躁,不过分,从弱到刚,从虚到充(像东坡肉的炖煮之法一样,沉稳扎实,须知,猪肉皮硬肉厚,其煨炖的难度与读《汉书》和培养孩子有相当的可比性);这样的修养,才是最稳妥、最可靠的人生修养方法。而我们看得出,懂得好事多磨之理并致力于反复实践的苏轼能发现并成功地完成"东坡肉"的制作,并非偶然,它与苏轼的生活、学习习惯密切相关。

问题讨论到此并未停止。更为绝妙的是,苏轼的炖煮猪肉,与他的为人和世界观紧密关联。他创造性地将炖肉同人生思考统一起来,令人叫绝。请看他的一段有趣的名言:

"佛书旧亦尝看,但暗塞不能通其妙,独时取其粗浅假说以自洗濯,若农夫之去草,旋去旋生,虽若无益,然终愈于不去也。若世之君子,所谓超然玄悟者,仆不识也。往时陈述古好论禅,自以为至矣,而鄙仆所言为浅陋。仆尝语述古,公之所谈,譬之饮食龙肉也,而仆之所学,猪肉也,猪之与龙,则有间矣,然公终日说龙肉,不如仆之食猪肉实美而真饱也。不知君所得于佛书者果何耶?为出生死、超三乘,遂作佛乎?"(《答毕仲举书》)

这段话的大意是,苏轼自己虽然也在学佛,但他只吸收其中有益的成分("取其粗浅假说"),对佛学并不盲从,比如那种"出生死、超三乘"、成佛("作佛")的虚玄之谈,苏轼根本不信。他只希望借助佛学中对人生有益的成分,在身心上真正有所得益。苏轼打了一个比喻:他把佛学称为"龙肉",把自己借鉴佛学而为我所用的实践态度比为"猪肉"。龙肉虽美,但谁也没见过,吃过;而猪肉可能滋味不如龙肉美,然而却是看得见、尝得着的。不难得知,苏轼这段话已经把猪肉作为了一种人生修养、自我超越的象征,形成了他自己独特的"猪肉观"。理解了这一点,再重新欣赏他的《猪肉颂》:

"净洗铛,少著水,柴头罨烟焰不起"。"净洗铛",虽然是说做好烹调的准备,其实这正是做事或修养身心时虔诚、认真态度的体现。煮肉如此,做一切事情,均须如此。读者可以从这小心翼翼的"净洗铛"中,窥见到苏轼平时修养身心之严谨、真诚。"少著水,柴头罨烟焰不起"——水放得不多不少,火要不大不小,这样煨炖,才能将肉烹得又烂又有滋味。苏轼告诉我们,具体实践中,每个环节都要做得稳妥、仔细,来不得半点马虎。透过这一丝不苟的准备与实际操作,我们看到的不只是烹调本身,而是与对待人生、修炼自身的一种兢兢业业的精神了。

"待他自熟莫催他,火候足时他自美"。煮猪肉,只要方法得当,缓缓煨炖,到了时候,它自然滋味醇厚,美不可言。这两句,说的是煮肉,而当我们联想到人生的时候,不是正好发现,它切中了那种急功近利的社会人生弊端吗?人生的成熟感悟,是需要时间的。好大喜功、心浮气躁,得到一时的"战果",其实是一种失败的结局。

"黄州好猪肉,价贱如泥土。贵者不肯吃,贫者不解煮"。人生的精彩往往就在平淡的日常生活当中。像猪肉这司空见惯的食物,人们并不觉得里边有什么奥秘可寻;像炖煮猪肉这样的家常之事,人们也容易忽略探讨其中精益求精的可能性。苏轼的叹息,除了猪肉本身之外,另有一种可供联想的可惜之意——人们在面对生活中种种事物时,或不肯,或不愿意去深入了解并挖掘其潜力。读者应该从他的叹息中理解猪肉之情以外的深意——真善美就在我们每日每时的生活当中,发现、创造美乃是我们大有潜力可挖的人生使命与快乐。联想到苏轼在以上所举《答毕仲举书》里把吃猪肉比为修养身心的象征,将那虚无缥缈的"龙肉"之类的玄谈加以摒弃的哲理思考,我们或许能更深层理解"黄州好猪肉"这四句诗歌的另一番味道。

"早晨起来打两碗,饱得自家君莫管"。正因为对亲自创造的烹调艺术十分满意,所以竟吃了"两碗"。"两碗",不但写出了胃口的满足,更写出了心灵的惬意。他仿佛早就料到了他人的议论与惊诧,他风趣地说,我吃猪肉,腹满心惬,如鱼饮水,冷暖自知,外界对我的褒贬尽可置之度外。了解佛学的读者知道佛家最讲"心安",强调看轻外物(包括他人的议论)、重视内心的安定,因此可以说，苏轼的这一"饱得自家君莫管"之平淡结尾，其实是展现了他的佛学等方面的修养，蕴涵了深刻的人生感悟。

值得说明的是，在吟《猪肉颂》之时，苏轼并没有对他的"猪肉观"的人生思考做刻意的诠释、解说，而全在一片笔墨神行之间，有意无意透露着他的佛学诸方面之修养与对佛学的借鉴、改造，这一点是需要补充说明的。

苏轼此诗题的《猪肉颂》三字，看似滑稽，实际是在幽默中蕴涵了严肃的主题的。他的颂，当然包括了在味觉方面的享受，对自身的烹调创新方面的自得；但是当我们了解了苏轼当时的艰难处境时，就会在诗人享受美味的后面，朦胧看到一个不屈的灵魂，一个在为人处世方面永远追求更高远深刻、有人情味的，将日常生活与理性思考达到"知行合一"理想的哲人。尤其是他将烹调艺术与人生超越的理想有机结合为一体，为我们做出了典范——猪肉，是猪肉本身，又像是别的什么。

语文实践

顺口溜比拼

【活动内容】

烹饪文化知识、古诗文知识的学习要和专业技能的总结和领悟相结合，知识只有转化成能力才是有意义的，同学们通过"顺口溜"的形式对烹饪技能要点进行总结，有助于大家更好地理解这些技能要点。组织同学对自己掌握的某个烹饪技法的内容进行梳理，并提炼概括成一段句式整齐、合辙押韵的"顺口溜"。

【活动目标】

1. 训练自己用通俗语言概括技能要点的能力。
2. 训练自己对于汉语词汇音韵的敏感和遣词造句的能力。
3. 进一步体会中华饮食文化的博大精深，提升自身的烹饪文化素养。

【活动过程】

一、活动导入

诗是一种阐述心灵的文学体裁，而诗人则需要掌握成熟的艺术技巧，并按照一定的音节、声调和韵律的要求，用凝练的语言、充沛的情感以及丰富的意象来高度集中地表现社会生活和人类精神世界。在中国古代，不合乐的称为诗，合乐的称为歌。

艺术上的"诗歌"在中国人的社会生活中衍变为"打油诗""顺口溜"。无论是领导干部还是普通群众，无论老少男女，许多人都能随口来上几句。比如，为了表现自己或他人在餐桌上的英雄气概，酒徒们振振有词："感情深，一口闷；感情浅，舔一舔；感情厚，喝个够；感情铁，喝出血"；再如，概括经验的一些谚语，有"饭后百步走，活到九十九""早晨起得早，八十不觉老"；还有，考驾照，用顺口溜记忆技能要点，"起动之前先坐稳，车内仪表检查准。油压电压都稳定，切记调准后视镜"。学生学习地理知识，用顺口溜帮助记忆，说起埃及，则为"埃及位置重，亚非欧要冲。地跨

微课："顺口溜编制小技巧"

两大洲,苏伊士居中。尼罗贯全境,绿色走廊青。阿斯旺大坝,金字塔奇景。河谷三角洲,长绒棉著名。工业采石油,运价收入升。首都古开罗,非洲最大城;亚历山大港,地位不可轻"。

怎么样,你是不是跃跃欲试了?用顺口溜梳理一下你掌握的一些烹饪技能吧!

二、活动组织

本次活动以分小组的形式进行,主要有"生炒""熟炒""清炒""煸炒""小炒""干炒""煎""炸""软熘""滑熘""焦熘""爆""塌""烹"等技能点。

用抽签的方式选择顺口溜对应的技能点每组选择5个技能点进行顺口溜撰写。若技能点有重复,将重复的技能点进行比较,全班投票评出同一技能点的最佳"顺口溜"。

三、示范

滑炒,是将加工成丝、丁、片状的原料经码味上浆,再放入油锅滑熟后,用少量油在旺火上急速翻炒,最后用兑汁或勾汁勾芡,烹调成菜的一种方法。用这种方法烹制的菜肴滑嫩柔软、色泽鲜艳、味美鲜爽,因而在中式烹调中应用较广。

上浆是滑炒技法中一道至关重要的操作工序,同时也是能否保证菜肴达到滑嫩的关键所在。滑炒原料质地细嫩、形态细小,上浆时必须认真细致。将锅上火烧热,用温油滑锅后下油烧至五成热,然后将上好浆的原料抖散下入锅中,待原料滑散且表面发白时,捞出沥油即可。下锅滑制过程中,必须根据原料的性质,掌握好油的温度、数量和滑油的时间。

滑炒顺口溜:

滑炒

原料上浆碗内抓,

顺七倒三温油滑,

葱姜炝锅快翻炒,

鲜嫩滑软人人夸。

四、组内交流

斟酌词语,互相帮助,选出最佳的顺口溜,由表达能力强的同学参加班级展示。

五、展示

各小组将顺口溜及技能要点内容、操作图片制成电子演示文稿,参加班级展示。

【活动评价】

评价项目	评价标准	评价等级				教师评语
顺口溜部分	内容符合操作实际要求	A	B	C	D	
	句式整齐,没有理解障碍	A	B	C	D	
	音韵和谐,朗朗上口	A	B	C	D	
	表述上使用修辞手法,有创新	A	B	C	D	

续表

评价项目	评价标准	评价等级				教师评语
展示部分	可以体现小组活动内容	A	B	C	D	
	讲解清楚、流畅	A	B	C	D	
	展示中注意与教师、同学互动	A	B	C	D	
	体现全组配合	A	B	C	D	
	图文并茂,形式活泼	A	B	C	D	

【活动建议】

1. 要注意语文能力强的同学的分组,尽量让每组能写会说的同学起带头作用。
2. 提前布置任务,各小组同学活动前要与专业课教师充分沟通,详细了解技能要点。
3. 活动结果要让专业课教师参与评价,从技术上把关。

第二节

意境菜肴

有时候,我们想念一个人,想念的是一种氛围,"想念你的笑,想念你的外套,想念你白色袜子和你身上的味道";有时候,我们喜欢做一件事,喜欢的是这件事之外,说不出或者不好直接表达的东西,"频呼小玉元无事,只要檀郎认得声";有时候,我们喜欢一道菜,不是因为它用料有多么珍贵,不是因为它的技法有多么高妙,而是"品赏"这道菜的那一种意境。

主题阅读

意境菜①赏析

大董中国意境菜②——董氏烧海参③

配诗:横眉群山千秋雪,笑吟长空万里风

【注释说明】

一、注释

①意境菜:意境指文艺作品或自然景象中所表现出来的情调和境界。意境菜是以菜品为媒介,运用中国绘画的写意技法和中国盆景的拼装技法反映中国古典文学的意境之美,抒情地呈现出情景交融、虚实相生的特点,活跃着生命律动的韵味和无穷的诗意空间,是色、香、味、形、滋、养、意的美食艺术与欣赏者精神世界高度融合、完美统一的新流派。

②大董中国意境菜:大董中国意境菜是以大董的名字命名的、以北京菜为基础的精品中国菜,将全国各大菜系和世界烹饪的优秀元素融为一体,形成大董独特个性风格的新流派。

③董氏烧海参:董氏烧海参的盘子是特别定做的,图中放海参的地方有一个浅浅的小凹槽,将海参放入其中既好看又起到定位的作用,同时上桌的海参,每个都是同样的朝向、同样的位置,达到了菜品的标准化。客人在切食海参时小凹槽还起到了固定的作用,方便客人食用。值得一提的是,因为海参冷却较快,又不宜凉食,所以餐盘在使用之前都已经统一加热,这样可以最大限度地延长盘子冷却的时间。

二、说明

大董,即北京大董餐饮投资有限公司董事长董振祥。大董潜心研究中式烹调的基本理论,系统学习鲁菜、粤菜、川菜、淮扬菜及西餐的烹饪知识,博采众长、融会贯通,在烹饪技艺上他提出了"大董中国意境菜"的概念,大董餐厅也成为"意境中餐"烹饪的代表,以"文化、价值、时尚"为经营理念,以"健康、美味、个性"为出品理念,引领着新式中国菜的风潮,成为中国餐饮业的一面旗帜。

【赏析指导】

海参在"参翅八珍"中居于首位,视为筵上珍品。但是海参本身滋味平平,清代美食大家袁枚在《随园食单》中写道:"海参无味之物,沙多气腥,最难讨好。"所以赋予其鲜美滋味为"治参"之关键。中国烹饪大师王义均先生最谙其法,所做"葱烧海参"堪称绝品。大董先生得其真传,并融汇自身治参之妙法,终成"董氏烧海参",其"葱香浓郁,入味透彻,口味醇厚香美",可见,大董为了这菜肴的配诗是颇费心思的。

"横眉群山千秋雪,笑吟长空万里风"。我们先放下菜肴来吟诵这两句诗。"群山千秋雪,长空万里风","群山""长空"体现视角之高,"千秋"极言时间跨度之长,"万里"突出空间与视野的广阔。读来,一种俯瞰大地、凌空超拔之感油然而生。

然后,在"群山千秋雪"之前加"横眉"二字,可以有两种解读,一是体现视角"高之又高",群山不过"一黛眉";二是体现面对"群山千秋"寒雪,抒情主体"横眉傲对"的倔强与霸气。再看,"长空万里风"本有"高处不胜寒"之意,然而,之前加"笑吟",一下子感觉陡转,"笑"字为领,和风扑面,而且这样的温暖与好意竟有"万里",抒情主体的热心、豪迈、豁达、潇洒,如春风抚人,无远弗届。诗句通过这极冷极热的对比,显示出一个性情中人敢恨敢爱的性格特点,怎一个"妙"字了得!

再将诗句和菜肴结合起来看,"横眉"意指"海参",从形状和颜色上看,"眉""参"相近;"群"字说"山"之多,如"参"上的"刺";"千秋雪"指"白盘",面积大,用以作背景,以大白衬托海参的"黑"和葱卷之"红"。"红葱卷"的热情指向"笑吟",芡汁画出的虚实线条、松枝的同一方向摆放,由此及彼,以实喻虚,"长空万里风"竟在眼前,肌肤可感。不可小视绿色的"西兰花"和"松枝"的衬托作用,因为有这团饱含"生机"的绿色西兰花和引导视线的绿松枝,创作者的热心(红葱段)和意境菜的意境(以"绿之虚"衬"黑、红之实",以"美味之近"喻"创作者胸怀与追求之高远")才得以突出,并显得绵绵不绝。

酸辣黄瓜

配诗：满地黄花堆积

【注释说明】

一、注释

配诗出处：《声声慢·寻寻觅觅》，宋代著名女词人李清照作品。原文如下："寻寻觅觅，冷冷清清，凄凄惨惨戚戚。乍暖还寒时候，最难将息。三杯两盏淡酒，怎敌他、晚来风急！雁过也，正伤心，却是旧时相识。　满地黄花堆积，憔悴损，如今有谁堪摘？守着窗儿，独自怎生得黑！梧桐更兼细雨，到黄昏、点点滴滴。这次第，怎一个愁字了得！"

二、说明

李清照(1084—约1151)号易安居士，汉族，山东章丘人。南宋女词人，婉约词派代表，有"千古第一才女"之称。李清照出身于书香门第，早期生活优裕。其父李格非藏书甚富，她小时候就在良好的家庭环境中打下文学基础。出嫁后与夫赵明诚共同致力于书画金石的收集整理。金兵入据中原时，流寓南方，境遇孤苦。所作词，前期多写其悠闲生活，后期多慨叹身世，情调感伤。形式上善用白描手法，自辟途径，语言清丽。论词强调协律，崇尚典雅，提出词"别是一家"之说，反对以作诗文之法作词。她能诗，留存不多，部分篇章感时咏史，情辞慷慨，与其词风不同。有《易安居士文集》《易安词》，已散佚。后人有《漱玉词》辑本。今人王仲闻有《李清照集校注》。

【赏析指导】

"酸辣黄瓜"这道凉菜配诗"满地黄花堆积"，从外形上看，以五朵嫩黄瓜的黄花及瓜蔓的延伸来体现"满地"（古诗文中一般"五"即可言多，如成语"三番五次"即"多次"之意），以黄瓜块的堆叠来体现"堆积"；从质感上说，黄瓜的委顿粗糙与黄花的鲜嫩细腻构成强烈对比，下箸之后，黄花鲜嫩而寡味，黄瓜形萎而味足，"先抑后扬"，黄瓜的低调却美味即可给食客留下深刻印象。

原词"满地黄花堆积"后有"憔悴损，如今有谁堪摘？"一句，稍有文学常识的人对于这首词及这一句并不陌生，配诗言此而意含彼，堆积的黄瓜其"委顿"之貌自有"憔悴"之神情，不说破，反而更有韵味。每一个瓜果，都曾经是朵鲜花，但不是每一朵鲜花都能成为瓜果。经过了时间的历练,瓜果自然没有了鲜花的张扬与耀眼,这背后或许会有酸酸辣辣的委屈与不平,但若是被有慧眼、懂欣赏的知己摘取,瓜果自然会用平生积累的千般风味加以酬报,"以貌取菜"者不知错过了多少人间美味佳肴!

北京小吃

配诗:流水落花春去也,天上人间

【注释说明】

一、注释

配诗出处:《浪淘沙令·帘外雨潺潺》,五代词人李煜作品,词的原文如下:"帘外雨潺潺,春意阑珊。罗衾不耐五更寒。梦里不知身是客,一晌贪欢。独自莫凭栏,无限江山。别时容易见时难。流水落花春去也,天上人间。"

二、说明

（一）李煜

人称"李后主",五代十国时南唐国君,初名从嘉,字重光,号钟隐。宋兵破金陵,出降,后被宋太宗毒死。李煜虽不精于政治,但其艺术才华非凡,精书法,善绘画,通音律,诗文均有一定造诣,尤以词的成就最高,有《虞美人·春花秋月何时了》《相见欢·无言独上西楼》等,被誉为"千古词帝"。

（二）艾窝窝、驴打滚、豌豆黄、芸豆卷

艾窝窝（画前）:北京传统风味小吃,每年农历春节前后,北京的小吃店要上这个品种,一直卖到夏末秋初,所以艾窝窝也属春秋品种,现在一年四季都有供应。艾窝窝历史悠久,明万历年间内监刘若愚的《酌中志》中说:"以糯米夹芝麻为凉糕,丸而馅之为窝窝,即古之'不落夹'是也。"

驴打滚（画中左）:驴打滚是老北京传统小吃之一,源于满洲,缘起于承德,盛行于北京。喜吃黏食本来是满族人的传统,因为满族过的是狩猎生活,经常早出晚归,吃黏食耐饿。由于清朝的八旗子弟爱吃黏食,"驴打滚"很快就传到了北京,成为北京的一种风味小吃。成品黄、白、红三色分明,煞是好看。因其最后制作工序中撒上的黄豆面,犹如老北京郊外野驴撒欢打滚时扬起的阵阵黄土,因此而得名"驴打滚"。

豌豆黄(画中右):豌豆黄是北京传统小吃。按北京习俗,农历三月初三要吃豌豆黄。因此每当春季豌豆黄就上市,一直供应到春末。北京的豌豆黄分宫廷和民间两种。豌豆以张家口出产的花豌豆最好。后来,豌豆黄同芸豆卷一起传入清宫。

芸豆卷(画后):芸豆卷是北京地区汉族民间传统名点,后流传入清宫。具有色泽雪白,质地柔软细腻,馅料香甜爽口的特色。传说是慈禧太后听闻宫外有此名点,于是命令御膳房专门制作,觉得很好吃。

【赏析指导】

这道北京小吃由"艾窝窝""驴打滚""豌豆黄""芸豆卷"四个冷点组成,配诗"流水落花春去也,天上人间"。通过说明中关于这四个小吃的描述,我们能够知道,这些小吃与清朝贵族有着丝丝缕缕的联系。明清以来,北京作为中国的政治、经济、文化中心,经过了太多的历史风云变幻和人世更迭,单是这一盘小吃即能引起食客关于历史兴衰的喟叹。

这盘意境小吃,从外形上看,以驴打滚、豌豆黄的波浪形喻"流水",以若干个艾窝窝摆成花样喻"落花",以层叠的驴打滚和豌豆黄喻"天上",平铺的艾窝窝和芸豆卷喻"人间";以这几个小吃的时兴季节说"春去也";从口感及功效上说,这几个小吃都是清凉祛暑的,可谓巧妙化平凡为雅趣。

从诗句的意思上说,"流水落花春去也"指时光流逝,朝代更替;"天上人间"指抒情主人公从天上降落人间的境遇巨变。"旧时王谢堂前燕,飞入寻常百姓家",王公贵族与普通百姓之间的鸿沟,因时间和小吃竟然如此填平了,可叹,可喜!

【读写探究】

一、试着寻找与"色、香、味、形、器、养、意"相关的诗词名句

色

香

味

形

器

养

意

二、为下面的一道意境菜选择对应的诗词名句，并释义

意境菜名：糟熘鸭三白

A. 枯藤老树昏鸦，小桥流水人家
B. 几番魂梦与君同
C. 杨花愁杀渡江人
D. 未觉池塘春草梦，阶前梧叶已秋声

三、吟诵以下几首古诗，谈谈你所感受到的意境

入若耶溪

王籍

艅艎何泛泛，空水共悠悠，
阴霞生远岫，阳景逐回流。
蝉噪林愈静，鸟鸣山更幽，
此地动归念，长年悲倦游。

题破山寺后禅院

常建

清晨入古寺,初日照高林。
曲径通幽处,禅房花木深。
山光悦鸟性,潭影空人心。
万籁此都寂,但余钟磬音。

山居秋暝

王维

空山新雨后,天气晚来秋。
明月松间照,清泉石上流。
竹喧归浣女,莲动下渔舟。
随意春芳歇,王孙自可留。

初冬绝句

陆游

鲈肥菰脆调羹美,
荞熟油新作饼香。
自古达人轻富贵,
例缘乡味忆还乡。

扫码看答案

【知识拓展】

诗的境界——情趣与意象

朱光潜

　　像一般艺术一样,诗是人生世相的返照。人生世相本来是混整的,常住永在而又变动不居的。诗并不能把这漠无边际的混整体抄袭过来,或是像柏拉图所说的"模仿"过来。诗对于人生世相必有取舍,有剪裁,有取舍剪裁就必有创造,必有作者的性格和情趣的浸润渗透。诗必有所本,本于自然;亦必有所创,创为艺术。自然与艺术媾合,结果乃在实际的人生世相之上,另建立一个宇宙,正犹如织丝缕为锦绣,凿顽石为雕刻,非全是空中楼阁,亦非全是依样画葫芦。诗与实际的人生世相之关系,妙处惟在不即不离。唯其"不离",所以有真实感;唯其"不即",所以新鲜有趣。"超以象外,得其圜中",二者缺一不可,像司空图所见到的。

　　每首诗都自成一种境界。无论是作者或是读者,在心领神会一首好诗时,都必有一幅画境或是一幕戏景,很新鲜生动地突现于眼前,使他神魂为之勾摄,若惊若喜,霎时无暇旁顾,仿佛这小天地中有独立自足之乐,此外偌大乾坤宇宙,以及个人生活中一切憎爱悲喜,都像在这霎时间烟消云散去了。纯粹的诗的心境是凝神注视,纯粹的诗的心所观境是孤立绝缘。心与其所观境如鱼戏水,忻合无间。姑任举二短诗为例:

君家何处住,妾住在横塘。停船暂相问,或恐是同乡。——崔颢《长干行》

空山不见人,但闻人语响。返景入深林,复照青苔上。——王维《鹿柴》

这两首诗都俨然是戏景,是画境。它们都是从混整的悠久而流动的人生世相中摄取来的一刹那,一片段。本是一刹那,艺术灌注了生命给它,它便成为终古,诗人在一刹那中所心领神会的,便获得一种超时间性的生命,使天下后世人能不断地去心领神会。本是一片段,艺术予以完整的形象,它便成为一种独立自足的小天地,超出空间性而同时在无数心领神会者的心中显现形象。囿于时空的现象(即实际的人生世相)本皆一纵即逝,于理不可复现,像古希腊哲人所说的:"濯足急流,抽足再入,已非前水。"它是有限的,常变的,转瞬即化为陈腐的。诗的境界是理想境界,是从时间与空间中执着一微点而加以永恒化与普遍化。它可以在无数心灵中继续复现,虽复现而却不落于陈腐,因为它能够在每个欣赏者的当时当境的特殊性格与情趣中吸取新鲜生命。诗的境界在刹那中见终古,在微尘中显大千,在有限中寓无限。

……

诗的境界是情景的契合。宇宙中事事物物常在变动生展中,无绝对相同的情趣,亦无绝对相同的景象。情景相生,所以诗的境界是由创造来的,生生不息的。以"景"为天生自在,俯拾即得,对于人人都是一成不变的,这是常识的错误。阿米尔说得好:"一片自然风景就是一种心情。"景是各人性格和情趣的返照。情趣不同则景象虽似同而实不同。比如陶潜在"悠然见南山"时,杜甫在见到"造化钟神秀,阴阳割昏晓"时,李白在觉得"相看两不厌,唯有敬亭山"时,辛弃疾在想到"我见青山多妩媚,料青山见我应如是"时,姜夔在见到"数峰清苦,商略黄昏雨"时,都见到山的美。在表面上意象(景)虽似都是山,在实际上却因所贯注的情趣不同,各是一种境界。我们可以说,每人所见到的世界都是他自己所创造的。物的意蕴深浅与人的性分情趣深浅成正比例,深人所见于物者亦深,浅人所见于物者亦浅。诗人与常人的分别就在此。同是一个世界,对于诗人常呈现新鲜有趣的境界,对于常人则永远是那么一个平凡乏味的混乱体。

这个道理也可以适用于诗的欣赏。就见到情景契合境界来说,欣赏与创造并无分别。比如说姜夔的"数峰清苦,商略黄昏雨"一句词含有一个情景契合的境界,他在写这句词时,须先从自然中见到这种意境,感到这种情趣,然后拿这九个字把它传达出来。在见到那种境界时,他必觉得它有趣,在创造也是在欣赏。这九个字本不能算是诗,只是一种符号。如果我不认识这九个字,这句词对于我便无意义,就失其诗的功效。如果它对于我能产生诗的功效,我必须能从这九个字符号中,领略出姜夔原来所见到的境界。在读他的这句词而见到他所见到的境界时,我必须使用心灵综合作用,在欣赏也是在创造。

因为有创造作用,我所见到的意象和所感到的情趣和姜夔所见到和感到的便不能绝对相同,也不能和任何其他读者所见到和感到的绝对相同。每人所能领略到的境界都是性格、情趣和经验的返照,而性格、情趣和经验是彼此不同的,所以无论是欣赏自然风景或是读诗,各人在对象中取得多少,就看他在自我中能够付与多少,无所付与便不能有所取得。不但如此,同是一首诗,你今天读它所得的和你明天读它所得的也不能完全相同,因为性格、情趣和经验是生生不息的。欣赏一首诗就是再造一首诗;每次再造时,都要凭当时当境的整个的情趣和经验作基础,所以每时每境所再造的都必定是一首新鲜的诗。诗与其他艺术都各有物质的和精神的两方面。物质的方面如印成的诗集,它除着受天时和人力的损害以外,大体是固定的。精神的方面就是情景契合的意境,时时刻刻都在"创化"中。创造永不会是复演,欣赏也永不会是复演。真正的诗的境界是无限的,永远新鲜的。

——节选自朱光潜《诗论》

【延伸阅读】

大董和"意境菜"

大董,原名董振祥,北京大董餐饮投资有限公司董事长。1985年4月,北京烤鸭店成立,董振祥是其中一位厨师。因为他出色的烹饪才华很快升任厨师长,1992年便成为北京烤鸭店的经理。2001年,北京烤鸭店由国营改制成北京大董烤鸭店,"大董"之名原为朋友们对董振祥的昵称。

从业近三十年来,大董潜心研究中式烹调的基本理论,系统学习鲁菜、粤菜、川菜、淮扬菜及西餐的烹饪知识,博采众长、融会贯通,在烹饪技艺上形成了"大董"的品味特色,其出品风格"古典朴茂、时尚隽雅",成为新式中餐烹调的代表。他认为,现代中餐应是艺术、科学、文化、美味的集合体,美味是最基础的层面,文化反映了美食独特的个性和民族特色,科学的营养使人健康,艺术的属性则是美食所表达的美学内涵,继而提出了"大董中国意境菜"的概念,大董餐厅也由于其出品的风格成为"意境中餐"烹饪的代表,以"文化、价值、时尚"为经营理念,以"健康、美味、个性"为出品理念,引领着新式中国菜的风潮,成为中国餐饮业的一面旗帜。

大董先生对餐厅经营模式的理解很有前瞻性,他在20年前便推测未来的消费需求,进而将烤鸭的定义从单纯的美味转向健康的美食。10年前,他将大董烤鸭店经营方向再次升级,创建了大董中国意境菜。大董先生自20世纪90年代工商管理硕士(MBA)毕业,通过系统地学习"名牌战略"理论后,在餐饮经营实践中感悟到"名牌企业必有名牌产品,名牌企业必有名牌员工",对本企业经营的菜品提出"一个中心,两个基本点"的战略思路,即"以烤鸭为中心,以海鲜为辅菜,以全国各菜系名菜为辅菜"的经营战略,并提出"健康、美味、个性"的出品理念。在一个时期内重点推出了本店拳头产品——大董"酥不腻"烤鸭。根据消费者的消费需求,其用将近5年时间经过一系列的试验,将传统的"肥而不腻"北京烤鸭中的脂肪由53%下降到33%,使其成为现今享誉全球的大董"酥不腻"烤鸭。

以"一个中心,两个基本点"的经营战略理念,大董先生根据餐饮市场上粤菜海鲜占主导的格局,避其锋芒,扬自家之长,将其"以海鲜为辅菜"的研发方向转向"干品海鲜",并将其中的"干品海参"作为研发重点,经过一系列的工艺改进和实践,终于赋予了海参"葱香浓郁,入味透彻,口味醇厚香美"的品质特点,并命名为"董氏烧海参"。"董氏烧海参"的品质特点让消费者交口称赞,而其装盘的艺术造型更使消费者感受到了其意境之美,"横眉群山千秋雪,笑吟长空万里风"形象地描述了其优雅的艺术造型。

中国烹饪以其"一菜一格,百菜百味"享誉海内外,与代表西餐的法国菜,代表伊斯兰餐的土耳其菜并称为"三大美食",但长期以来由于受到地域、传统人文等的影响,虽然菜的味道得以长足发展,造型发展却裹足不前,表现为呆板、僵化、盛装方式单一等。

而到了二十世纪七八十年代以后,现代化进程促进了社会消费水平的极大提高,国内生产总值(GDP)达到了3万美元以后,社会消费进入了"享乐"时代,表现在餐饮领域则是出现食品消费多元化,菜品功能多元化,菜品装盘呈现艺术化发展趋势。

2002年后,大董先生在成功解决并奠定了大董"酥不腻"烤鸭与"董氏烧海参"品质特点和地位后,转向了中国菜艺术特点的研究中。大董先生认为中国烹饪一直"以味为核心,以养为目的",并认为中国烹饪是科学、是文化、是艺术。《中国烹饪百科全书》对于"烹饪艺术"是这样论述的:烹饪艺术是一门视觉、嗅觉、触觉、味觉综合的艺术。烹调师是它的创作者。他们运用烹饪工艺,按照人们对饮食美的追求的规律,塑造出色、形、香、味、滋俱美的食品,提供人们饮食审美的享受,从而使人们得到物质与精神交融的满足。作为综合艺术,它要求塑造诸种和谐的美,又要突出味这个核心。一种食品,尤其是一道菜肴,色、形、香、滋的美都已达要求,如果味不美,便会得到全盘否定。这已是人们对美食追求的规律。如果只追求菜肴色与形的美而置味美这个核心于不顾,必然是"中看不中吃",失去食品的核心意义。对于烹饪艺术的品赏是在吃的过程中完成的,味起着最后的、决定性的作用。中华民族善于知味、辨味、用味、造味,中国烹饪便产生了数不清的味道,也因此,中国烹饪的味也就处在多变的状态之中。中国的味的艺术经过长期实践,形成若干流派和各地方风味体系。

从以上关于"烹饪艺术"的论述,我们可以看出,传统的烹饪艺术观点一般认为,烹饪艺术基本上是味的艺术,虽然在理论上强调"其是一门视觉、嗅觉、味觉综合的艺术",在实际中,更多强调的是"五味令人口爽"和"五美之交,不可胜极"以及"烹饪艺术和火候的关系","火中取宝,口弗能言,志弗能喻",而几乎没有涉及对意境之美的强调。

大董"意境美"起始于大董先生对西方发达国家烹饪艺术及装盘的思考,大董先生"中国烹饪是科学、是文化、是艺术"的概括论断是全面的,但应随着时代的变化及时空的推移,内容应不断填充,境界应该不断提升,当代烹饪工作者更应以自己的作品重新对烹饪艺术之"美"进行更全面、更深入的诠释。

语文实践

佳句配佳肴

【活动内容】

用古诗词的佳句为某一道菜肴配诗,注意寻找诗句与佳肴在色、香、味、形、器、养、意等方面的类似点、共同点、关联点,发挥联想和想象,力求贴切、有意境。

【活动目标】

1. 培养对菜肴的色、香、味、形、器等特点的细致观察能力。
2. 训练把菜肴的特点与诗句的字词、意境相联系的能力。
3. 培养从传统文化中获取菜品意蕴、提升灵感的方法的习惯。

【活动过程】

一、活动准备

(一)明确本次活动的内容板块

1. 收集意境菜的图片和配诗,并讨论和了解菜肴与配诗的联系,体会意境。
2. 尝试为一些经典菜肴配诗。

(二)分组

全班分为冷菜、热菜、面点、小吃四组。

二、活动实施

(一)导入

综观我国的饮食发展历程,是在博大的中华文化的濡染之下超越口腹之欲而走向典雅情趣,充满文化意蕴之路的。饮食和文化联系在一起的那刻就注定了"吃"这一行为不再是简单的物质享受,而是具有了物质和精神的双重享受。文化的注入延伸了餐饮的深度和广度,为餐饮的发展提供了更为广阔的空间。意境菜就是这种特点的体现,作为新一代的厨师、中国烹饪饮食文化的传承者,我们要提高文学艺术修养,争取让我们制作的菜肴都富有诗意,那么,就从现在开始练习吧!

(二)环节一:意境菜的诗意

各小组通过网络等手段收集意境菜的图片和文字资料,尽量详细说明其中的联系和自己对菜肴意境的理解。

举例如下。

意境菜:拔丝苹果。

配诗:桃园望断无寻处,杜鹃声里斜阳暮。

相关资讯:1988年在第一届北京烹饪大赛中,拔丝苹果以满分的成绩为大董迎来烹饪生涯中的第一块金牌。作为中式甜品,在绵绵长丝中,有它说不完的故事。

(三)环节二:佳肴配佳句

各小组通过讨论确定2~3道经典菜肴,为这些菜肴配诗句,并说明菜与诗的关联及意境。若找不到菜肴图片,可以手绘,甚至自己制作。

举例如下。

经典菜:糖醋排骨。

配诗:千山鸟飞绝,万径人踪灭。孤舟蓑笠翁,独钓寒江雪。

关联说明：堆叠的糖醋排骨块可以想象为"千山"，排骨块上的纹理可以对应"万径"。把排骨块单独列出两块，其中一块放上松枝来比喻"孤舟蓑笠翁"，用洋洋洒洒的糖粉来比喻漫天白雪，以石块做盘子，比喻冬天冰封的江河。其意境为要在平常菜中追求不平常的美食体验，绝不与世俗妥协，"菜不惊人死不休"。

（四）展示环节：我们最有才

各小组将前面两个环节的成果通过不同形式进行展示，可以通过网络等手段收集意境菜的图片和文字资料做成电子演示文稿，也可以用手绘表现出小组的设计，指派一两位同学向全班展示，详细说明菜肴与诗句的联系和对菜肴意境的阐释。

（五）评价环节

邀请专业课教师参加实践活动，并对活动进行评价；评价还要有同学自评、小组互评，由全班推选出"最佳团队"，最后由语文教师总结评价。

【活动评价】

评价项目	评价标准	评价等级				教师评语
准备工作和成果制作部分	按活动要求组织活动	A	B	C	D	
	团队参与程度高，配合好	A	B	C	D	
	展示材料制作规范、有特点	A	B	C	D	
	菜肴与诗句的数量多、质量高	A	B	C	D	
展示部分	能说明菜肴与诗句的联系	A	B	C	D	
	讲解清楚、流畅，有特点	A	B	C	D	
	展示中注意与教师、同学互动	A	B	C	D	
	展示能体现团队活动过程	A	B	C	D	
	图文并茂，形式上有特点	A	B	C	D	
	意境阐释合理、生动	A	B	C	D	

【活动建议】

　　本次活动,重点有两个,一是菜肴和诗句的"联系",二是对菜肴意境的"阐释",言之有理即可。

　　专业课教师的参与可以提升同学们对菜肴"色、香、味、形、器、养、意"特点观察的敏感度,还可以从专业角度给同学们讲更多的隐性知识,记得邀请专业课教师参加哦!

第三节

雅趣菜名

在美食古诗中,我们不仅认识了古人的饮食观念,而且了解了诗歌表达这些观念和经验的独特优势;在意境菜肴中,我们看到了诗歌与具体的菜肴结合的一些经典案例,以及意境菜给人们带来的审美情趣;但是,你知道吗,许多传统经典菜肴的名称也饱含诗意,富有雅趣。

主题阅读

雅趣菜名赏析

经典菜名一:佛跳墙

佛跳墙,又名满坛香、福寿全,是福州的首席名菜,属闽菜,迄今有100多年历史,为聚春园菜馆老板郑春发研创。

1965年和1980年分别在广州和香港,以烹制佛跳墙为主的福州菜引起轰动,在世界各地掀起了佛跳墙热。各地华侨开设的餐馆,多用自称正宗的佛跳墙菜招徕①顾客。佛跳墙还在接待西哈努克亲王、美国总统里根、英国女王伊丽莎白等国家元首的国宴上登过席,深受赞赏,此菜因而名声更加响亮。

这道菜起源于宋代。宋人陈元靓在《事林广记》里就记录了这道菜的做法。"佛跳墙"是用海参、鲍鱼、干贝、鱼翅、鱼唇、鱼肚、鸡、鸭、猪蹄筋、羊肘、鸭腕、鸽蛋、冬笋等18种高档原料,装在酒坛子里密封,经微火长时间煨②制出来的。

清朝末年,周莲出任福州布政使③,福州官府设宴为他接风。席间上了这道菜,周莲一吃就感到十分可口,令布政使衙的厨师郑春发学习仿制。郑春发将这道菜加以改进,使制作工艺更趋完美。后来,郑春发辞职在福州开了一家名叫"聚春园"的餐馆,将这道菜取名为"福寿全",作为餐馆的头牌菜。不久,福州几位文人来此聚会,点了"福寿全"这道菜。郑春发久居府衙,知道这几位文人都是当地名流④,遂格外精心烹制。"福寿全"上桌,启开坛口封纸,一股浓香直冲而出,众人纷纷叫好。一位文士随口吟出"坛启荤香飘四邻,佛闻弃禅跳墙来"的诗句。于是,主客一致赞成把"福寿全"改名为"佛跳墙"。

如今,"佛跳墙"的用料更加考究,烹制程序更加严格。20多种主要原料经过分别处理,配以香菇、冬笋、香葱、姜片等多种佐料,装入绍兴酒坛中,用旺火烧沸后,改用文火慢煨。由于几十种原料、配料煨在一起,既有共同的荤味,又保持各自的特色,香味浓郁,嫩软鲜美,荤而不腻,具有补气养血、温肺润肠等功效。

"佛跳墙"曾被列为清宫廷御宴满汉全席中首推的极品美味。一百多年过去了,它仍是闽菜的佼佼者,享有"中华第一汤"的美誉。自新中国成立以来,逢重要的国事外交活动,领导均以"佛跳墙"作为国宴的第一道主菜招待外国元首,受到广泛赞誉。柬埔寨前国王西哈努克曾说:"没吃过'佛跳墙',就不算吃过中国菜。"日本前首相田中角荣在中国尝过"佛跳墙"之后,还将其带回日本。现在日本东京的著名食府中均推出"佛跳墙"。

1986年,在福建省名优菜肴评定会上,"佛跳墙"夺取魁首,名列闽菜状元。1990年,"佛跳墙"荣获国家商业部"金鼎奖"。1996年,"聚春园"被授予"中华老字号"称号。2008年6月,"聚春园佛跳墙制作技艺"列入国家级非物质文化遗产名录,彰显出"佛跳墙"的尊贵。

【注释说明】

一、注释

①招徕:招引,延揽。用在商业上指招揽顾客。
②煨:音 wēi,用微火慢慢地煮。
③布政使:清代的一省行政长官为巡抚,布政使为巡抚的僚属,略如近代的副省长和民政厅长。
④名流:杰出的人士,知名人士。

二、说明

郑春发,福建名菜"佛跳墙"的首创者,清咸丰年间出生于福清城关南门。郑春发的父亲离世后,他和母亲生计无着,于次年由同乡人叶依嫩带到福州,进入他开设的"源春馆"酒店当学徒。郑春发为人聪颖厚道,能吃苦耐劳,深得叶依嫩喜爱。后来,"源春馆"停业,叶依嫩带着郑春发前往苏杭京沪粤等地的名菜馆当帮厨。其间,郑春发得以深入学习各地佳肴的特点和长处。

后来直隶按察使周莲调任福州布政使。郑春发经人介绍,成了周莲的厨师。周莲对郑春发做的清鲜、荤香而不腻的福州菜很是喜爱,对其高超的技艺十分赏识,两人私交甚密。周莲还为郑春发捐纳了六品官衔。郑春发后承接"三友斋"酒家,先改名"聚春茶园",后定名"聚春园"。"聚春园"很快成为全国八大菜系之一的闽菜的基地,也成为培养名厨的摇篮。

【赏析指导】

"坛启荤香飘四邻,佛闻弃禅跳墙来",这句诗巧妙运用夸张的手法,表现了佛跳墙这道菜的首要特点"香"!香到何等程度呢?先言"香飘四邻",可见范围之广;再谈香气浓郁迷人,连从不食荤、修行圆满的佛祖也放弃了禅定,从寺庙中跳出墙来,要来品尝。妙在一个"跳"字,形象地描摹了佛祖被菜香所逗引,想要品尝佳肴的急切心情。这样惊世骇俗的"夸张",极大地激发顾客的品尝欲望,让人拍案叫绝。

经典菜名二:六一丝

(原名:大杂拌)

六一丝是非常具有特色的一道菜。据说其是张大千61岁那一年,在日本东京开画展,东京"四川饭店"名厨陈建民专为他新创的一个菜。

这道菜用绿豆芽、玉兰苞、金针菇、韭菜黄、芹白、香菜梗六种蔬菜,加火腿丝,所谓"六素一荤,众星拱月",呈红、白两色。虽然菜单中的配料已经有所改变,但不改"六素一荤,众星拱月"的特色。

张大千是举世闻名的画坛巨擘①,还是一位知名的美食家,兴致来时常亲自下厨以飨②挚友亲朋。台北张大千故居摩耶精舍一楼的南面是餐厅,餐厅的墙壁上挂着大千先生亲笔书写的"宾筵食帖"。下面是1981年正月十六,大千先生宴请张学良夫妇、张群父子等嘉宾时的菜单,其中就有六一丝。

辛酉年元宵后一日,命家人治具,邀汉卿③、一荻④兄嫂,屏秋副院长及其夫人同进午餐。岳军大兄与其哲嗣夫妇亦惠然莅临,尽半日之欢。是日小园垂丝,海棠盛开,宾主尽欢,汉卿兄命记食单如下:干贝鸭掌、红油豚蹄、菜薹腊肉、蚝油肚丝、干烧鲤翅、六一丝、葱烧乌参、绍酒焅⑤笋、干烧明虾、清蒸菘⑥、粉蒸牛肉、鱼羹烩面、汆⑦黄瓜肉片、煮元宵、豆泥蒸饺、西瓜盅。

菜单的前半部分是一篇洒脱洗练的微型散文;后半部分菜谱突出了大千先生家乡的四川风味。"干烧""红油"都是川菜拿手做法,"粉蒸牛肉"和元宵也是四川著名小吃。大千先生宴客的菜品不多,但每道菜都制作精良;讲究酒宴整体设计的优化组合。宴会上"六一丝"这道凉菜,精工细作,别有风味。张大千对"六一丝"情有独钟,每有贵宾造访,凡宴请必有此菜。

【注释说明】

一、注释

①巨擘:音 jùbò,擘,大拇指;巨擘,比喻在某一方面居于首位的人物。

②飨:音 xiǎng,用酒食招待客人,泛指请人受用。

③汉卿:张学良,字汉卿,奉系军阀首领张作霖的长子。他是中国近代著名的爱国将领、政治家、军事家。

④一荻:荻,音 dí,即赵一荻(1912—2000),张学良第三任妻子。

⑤焅:音 kù,烘烤。

⑥菘:音 sōng,即白菜。

⑦汆:音 cuān,烹调方法,把食物放在开水里稍微一煮,如汆丸子、汆萝卜。

二、说明

张大千(1899—1983),男,四川内江人,中国泼墨画家,书法家。他是二十世纪中国画坛最具传奇色彩的泼墨画工,特别在山水画方面卓有成就。后旅居海外,画风工写结合,重彩、水墨融为一体,尤其是泼墨与泼彩,开创了新的艺术风格,因其诗、书、画与齐白石、溥心畲齐名,故又并称为"南张北齐"和"南张北溥"。

【赏析指导】

"六素一荦,众星拱月",显而易见,这句诗用比喻的修辞手法,表现了六一丝这道菜的构成特点——"六加一"。以"众星"喻"六素",以"月"喻"一荦",以"众星拱月"表现张大千在画坛的领袖地位。其实,这里面还有双关的修辞手法的运用。"六一"有六素一荦之意,还有张大千"61"岁的含义。更巧的是,中国文学史上,宋代开创一代文风的文坛领袖欧阳修,号六一居士。这样以菜喻人、以古人比今人的菜名,自然容易给人留下深刻印象。

【读写探究】

一、给下列加点的字注音

招徕(　　)　　文火慢煨(　　)　　饕餮(　　)(　　)　　筵(　　)　　莅临(　　)

红油豚蹄(　　)　　鱼羹烩面(　　)(　　)　　佥(　　)　　番禺(　　)

二、解释下面的词语

1. 招徕:

2. 文火慢煨:

3. 饕餮:

4. 天下没有不散的筵席:

5. 巨擘:

6. 飨:

三、找出有同一特点的几道菜名。

举例如下。

菜品名称：一品锅、二度梅开、三鲜饺子、四喜丸子、五味羹。

共同点：菜名带着数字。

1. 菜品名称：_____ _____ _____ _____

    共同点：_____

2. 菜品名称：_____ _____ _____ _____

    共同点：_____

四、下面是一套婚宴菜单，请为菜品起一套与婚宴主题相配的喜庆艺术名称

_____席

（横线上填婚宴主题吉利话）

八冷碟：（横线上填两个字的婚宴主题吉利话）

_____彩蛋、_____鸡卷、_____莲子、_____鱼条

_____烤肉、_____虾饼、_____花仁、_____土司

八热菜：（括号里填四个字的婚宴主题吉利话）

（　　　　）——烩海八鲜　　（　　　　）——酥炸鹌鹑

（　　　　）——奶汤鱼圆　　（　　　　）——琵琶大虾

（　　　　）——贝心春卷　　（　　　　）——花仁枣羹

（　　　　）——网油鸡翅　　（　　　　）——清炖金蹄

四果点：（括号里填四个字的婚宴主题吉利话）

（　　　　）——喜庆蛋糕　　（　　　　）——夹心酥糖

（　　　　）——糖炒栗子　　（　　　　）——豆沙汤团

五、收集婚宴、寿宴、满月宴、年夜饭的菜单，并说说你对这些主题菜单选菜和命名特点的看法

扫码看答案

【知识拓展】

中国菜名中的修辞手法

从语言角度来看，菜名是一种社会语言形式，对于餐饮企业来说，菜名就好比它的眼睛，需要"明眸善睐"，一道具体的菜名是一个个案，而众多的菜名加合在一起，就组成了现代都市餐饮企

业的"企业名片",它以最直接的形式招徕顾客,也以最直接的方式反映现代餐饮文化的特色。可以说菜名是汉语文化语境中的一种极为鲜活的语言现象。

国人之于吃食,不仅重实惠,而且讲名堂。古代的时候,贫苦人家由于在三餐温饱方面都不能保证,当然不会有闲心去想菜名。可是,在富贵之家,尤其是皇家,吃的菜所使用的菜名都是有讲究的。至于现在的菜,更是在色香味方面都已经考虑得十分到位了,可是,竟然还多了一个方面——听!听是什么意思呢?当然是指菜名。不管是辉煌的酒店还是路边的小吃店,形形色色的菜名总是充斥着我们的耳朵。况且现在的菜名的取法也再也没有以前那么有所顾忌。如今时常可以听到"龙肉""凤肉"之类的名字,这在以前可是要砍头的。不过,尽管是这样,取菜名也还是门艺术,也是需要技巧的。甚至在相声贯口中,有个传统段子就叫报菜名。那些名目繁多的菜名,到了相声演员口中,不仅配套成龙、珠联璧合,而且押韵上口、文采飞扬。

仔细浏览一下那些五花八门的菜名,你就会感受到什么叫中国特色的饮食文化。菜名除了直书主料之名的菜肴外,有些被赋予了美好的比拟,如豆芽叫"龙须"、豆腐谓"白玉"、鸡爪变"凤爪"、蛋花称"芙蓉"等。有些以创始人命名,如"麻婆豆腐""宋嫂鱼羹"。中国文人也可说是十分与众不同的,他们不同于外国文人的很重要的一点是有很多文人喜欢烧菜,不仅写了关于烧菜的作品,还常常自己下厨,更有些文人还有独创性的佳肴流传下来,如东坡肉。有些含有传说和掌故,如"霸王别姬"(甲鱼炖鸡)、"浪里白条"(萝卜丝肉汤);有些菜名土俗,如"叫化鸡""瓦块鱼";有些菜名怪异,如台南"棺材板"、粤菜"咕噜肉";有些菜名文雅,如"踏雪寻梅""碧血黄沙""四星望月"等。还有依古代戏曲命名的菜肴,如"连环套"(烧九转肥肠)、"凤还巢"(粉丝为巢,上面卧放香酥炸鸡为凤)、"八大锤"(炸香酥鸡腿八只)、"一捧雪"(糯米豆沙笼蒸熟后扣盘,上撒白糖)、"草船借箭"(清蒸鳜鱼为船,蛋松为草,嫩细冬笋为箭)、"火烧赤壁"(将鳖裙烧煨得酥红,剪切成火炬形的火腿片镶黄色蛋皮儿围边)等。"凤凰蛋"是熟鸡蛋裹了肉末儿;"炝虎尾"是爆炒黄鳝的尾段;"花好月圆"是虾仁炒鸡蛋;竹笋炒排骨叫"步步登高";"游龙戏凤"是鱿鱼炒鸡片;"火辣辣的吻"就是辣椒炒猪嘴;"银芽盖被"是黄豆芽掐头去尾的白梗上面盖了一层摊鸡蛋;"小二黑结婚"就是盘子里两个剥光的变蛋;"悄悄话"是猪口条和猪耳朵。黄瓜炒鸡肝鸭肉——"苦凤怜鸾",菠菜炒番茄——"翠柳啼红",鸡汤炖雀肉——"鸠集凤池",黄花菜焖全菇——"美女簪花",公鸡与母鸡同盘——"鸾凤和鸣",一只鸡和一条蛇同烧——"龙凤呈祥",鹅掌炖白蘑菇——"雪泥鸿爪",樱桃肉与血豆腐同盘——"碧血"。还有的菜名设计巧妙:鸡脚炖鹌鹑蛋称为"明月映翡翠",香肠烧鸡块取名"玉树挂金钱",把松花蛋、咸鸭蛋、茶鸡蛋等切合一起叫作"丹凤朝阳"。将七片莲藕孔眼灌入江米蒸熟,再切五片胡萝卜刻成梅花形,便组成"梅花欢喜漫天雪"。

有很多的菜名,在菜没有端出来之前都是难以想到的,但是端出来之后,在看见菜时,惊讶有之,惊过之后又觉得如此理所当然,觉得颇有那么几分道理,颇有那么几分样子。就如同一些以词牌名或者曲牌名命名的菜名,像"踏雪寻梅""碧血黄沙""四星望月"。初次见到这些类似词或曲牌菜名的人,在菜肴没端上来之前,很难想象出它们究竟为何物。经人指点方知,"踏雪寻梅"是萝卜丝炒红椒,"碧血黄沙"是黄豆煨猪血,"四星望月"是兴国米粉鱼。

在赵丽蓉老师的小品《打工奇缘》中有一道菜叫"群英荟萃",这个名字,多么响亮,但是实际上呢,就是萝卜开会嘛,各色的萝卜。在琼瑶的著作《还珠格格》中,紫薇以几道优雅贴切的菜名弥补了在食材上有所短缺的遗憾。所以说,好的菜名能引人入胜,能帮助商家们留住顾客。菜名要取得巧妙,取得贴切,这和我们文学里面的修辞手段是紧密不可分的。上述的这些菜名或多或少都有在修辞方面的巧妙运用。何谓修辞?

"修"是修饰的意思,"辞"的本来意思是辩论的言词,后引申为一切的言词。"修辞"本义就是修饰言论,也就是在使用语言的过程中,利用多种语言手段以收到尽可能好的表达效果的一种语言活动。所谓好的表达,包括它的准确性、可理解性和感染力,并且是符合自己的表达目的的,适合对象和场合的得体的、适度的表达。修辞运用语言(包括其书面形式即文字)的特点,同时也受语言特点的制约。

汉语"修辞"这个词语,最早见于《周易·乾·文言》的"修辞立其诚,所以居业也"一语中。在这句话里,"修辞"是"修理文教"的意思(唐·孔颖达注:"辞谓文教,诚谓诚实也;外则修理文教,内则立其诚实,内外相成,则有功业可居,故云居业也。"),与人的修业有关,不是今天"修辞"这个词的意思。在现代汉语里,"修辞"这个词从字面讲,可理解为"修饰言辞",再广义一点又可理解为"调整言辞"。修辞,狭义上就指语言文字修辞;广义上包括文章的谋篇布局,遣词造句的全过程,同时也包含语言文字修辞。

"修辞"从概念上讲,有三重含义:一指运用语言的方式、方法或技巧规律(即"修辞手段");二指说话写作中积极调整语言的行为活动(即"修辞活动");三指修辞学或修辞著作。而今天主要针对的是修辞手段。

为了讲求"含不尽之意,见于言外"的表达效果,菜名中很多采用了具有婉约韵致的修辞文本。大体来说,具有婉约韵致的修辞文本模式,主要有双关、折绕、讳饰、藏词、吞吐、倒反、用典、推避、讽喻等。当然这些不会完全应用于菜名的选取当中。基本上就笔者所知道的菜名,双关、用典等的运用比较多。

双关,指有意识地使用同一个词语、同一句话,在同一个上下文中,同时兼有两层或者两层以上的意思,包括谐音双关和语义双关。菜名中使用的一般是谐音双关。使用双关取的菜名,不仅有不同于一般菜名的高雅性,而且将菜肴的内容、命名者的寓意蕴含其中,给食客留下深刻的印象,如,"绝代双骄"其实只是红辣椒和青辣椒而已。这里很巧妙地运用了"娇"与"椒"的谐音。而我们最为常见的恐怕要算是"年年有余"这道菜了吧。每当过年的时候,年夜饭的餐桌上总是有鱼,用以表示年年有余的吉祥兆头。

叠音,古时叫作"重言"或"复字"。恰当地运用叠音词语,可以增强音乐美感,突出词语的意义,加强对事物的形象描绘,如棒棒鸡、渣渣肉、担担鸡、么么喳喳珍珠糖水等。用叠音词来具体描绘菜品的特点,上口顺畅,过目成诵,收到了一种特有的音响效果,使菜名充满了活力。汉语里独有的双声、叠韵词,在菜名表达上,也有体现,如鸳鸯鱼、咕噜肉、萝卜、葫芦等,铿锵婉转,别有韵味。

除此之外,菜名中还大量使用了比喻、比拟等修辞手法。比喻手法的应用分为借喻和暗喻两类。

暗喻,是没有比喻词,但本体和喻体同时出现的修辞手法。如芙蓉鸡片,这是形容鸡片的颜色雪白,尝起来鲜嫩滑口,如芙蓉般绽放。借喻,是指本体事物不出现,借用喻体事物来指称本体事物。如:"蚂蚁上树",是粉丝炒肉,因细细的肉末沾在粉丝上酷似"蚂蚁上树"而得名;"青龙卧雪"就是一盘白糖上面放根黄瓜;"黑熊耍棍"就是木耳炒豆芽。

比拟,是基于想象,用描写彼类事物动作形态的词,描写此类事物的修辞手法。其最大的特点就是把用于甲事物的词用到乙事物上,从而达到"以我观物,物皆著我之色"的表达效果。如:"穿过你的黑发的我的手"——海带炖猪蹄;"母子相会",其实也就是黄豆炒豆芽。

这里很多修辞手法展不开来讲,稍微具体地讨论一下"用典"这一手法在菜名上的使用。

用典,指运用古代历史故事或有出处的词语来命名。以用典的修辞手法来表情达意,在表达上可以使表达者的达意传情显得婉约含蓄;而对于食客来说,初看似乎并无何门道,而经过细细品味,将古典的韵味与菜肴的美味一起咀嚼了下去,反而更加回味无穷。正因为如此,古往今来的很多菜名都是喜欢建构用典修辞文本的。有中华五千年深厚内敛的文化根基作为支撑,在菜名的选择上更加能吸引人。有很多的不论通俗或者优雅的菜名,都可以在中华文化宝库中寻到出处和来源。例如,中国的一道名菜"佛跳墙"就出自"坛启荤香飘四邻,佛闻弃禅跳墙来"。不少的菜名都来源于诗词歌赋。有祝福类的菜名,如:"鹏程万里",取意于"大鹏一日同风起,扶摇直上九万里";"龙蟠钟山",取意于"钟山如龙独西上,欲破巨浪乘长风"。有应景类的菜名,如:春天的"姣莺戏蝶",取意于"留连戏蝶时时舞,自在娇莺恰恰啼";有秋景中的"枫叶红花",取意于"霜叶红于二月花"。《射雕英雄传》中,黄蓉以美食诱洪七公收郭靖为徒一节,黄蓉做了一道菜"二十四桥明月夜"。这名字也来源于杜牧的诗——"青山隐隐水迢迢,秋尽江南草未凋。二十四桥明月夜,玉人何处教吹箫"。其实这道菜,就是变了花样的蒸豆腐罢了。这些菜名,通常能很早地吸引住食客的眼光,不自觉就想探知如此雅致的菜名下,究竟是怎样的内容。还如电视剧《还珠格格》中,乾隆觉得叫花鸡这个名字不够雅,紫薇说:"一只鸡叫作叫花鸡,两只就叫作'凤凰台上凤凰游'。"顿时使得乾隆龙心大悦。使用古诗词能增加菜名的优雅,而且也添了几分耐人寻味。

总之,菜名通过运用各种修辞手段,以语言的形式直接或间接地映射菜的本质,投影于人的心理,从而激发人的想象力,调动人的情绪,引起或加强人的食欲,使食客在品尝佳肴的同时,感受到文学的气息,有一种听觉、味觉、嗅觉的全方位感受。在如今的饮食业的竞争中,给美食起一个好的菜名也真的能成为招徕顾客的一道亮丽的风景线了。

【延伸阅读】

秀色可餐——四大美女与美食

谭汝为

中国人重视"吃"。"吃"在中国语言民俗中的重要,可引古语"民以食为天"来证明——"天"者,至高无上之谓也。就是说,悠悠万事,唯此为大。于是逢年过节,婚庆寿筵,奔丧吊唁,亲朋聚会,好友相逢,迎来送往,以至凡是有众人参与的场合,都离不开一个"吃"字。即使是"爱"与"恨"这两种极端相反的情感,都可以用"吃"来表示——美女靓妇招人喜爱,可用"秀色可餐"形容;对万分憎恶的仇敌,则以"寝皮食肉"来抒发仇恨。

民间对话——"你咬牙切齿地干嘛?有本事你把我吃了!"您看,这话说得多损!天津人讲话,这叫"骂人都不带吐核儿的"。

别扯远了,言归止传。咱下面说说"四大美女与美食"。

1."西施舌"

美女西施,民间传说颇多。福建有一种点心叫作"西施舌"。厨师采用吊浆技法,用糯米制成水磨粉,用枣泥、桃仁、桂花、青梅等十几种果料拌成馅儿。以糯米粉为皮儿包入果馅,放在舌形模具中压制成型。或汤煮,或油煎。其色如皓月,香甜爽口。

福建特色菜"贝肉氽汤",因名叫"西施舌"而遐迩闻名。其实"西施舌",就是文蛤的一个品种,属软体动物,双壳贝类。其肉质软嫩、外形如舌,氽、炒、拌、炖均可。其得名理据:这种贝肉状似人舌,而西施又是名震四海的美人。难怪为了这一个菜名,不少文人雅士专门撰文分析,如郁达夫的《饮食男女在福州》、梁实秋的《西施舌》、符中士的《食名趣谈》等,都从不同角度对"西施舌"之名分别进行了阐述。20世纪30年代,著名作家郁达夫在福建赞誉长乐"西施舌"为闽菜神品。这道汤菜,汤汁腻滑,味道鲜美,故有"天下第一鲜"之称。

2."贵妃鸡"

福建还有一道名菜叫"贵妃鸡",其实就是清蒸整鸡。看着躺在大汤盆、浸在热气腾腾的汤汁儿里鲜肥滑嫩的母鸡,令人不禁联想到杨贵妃在华清池"温泉水滑洗凝脂"的情景。这个菜名启发食客在大享口福的同时,产生对"秀色"的联想,可谓匠心独运。

苏州名菜也有"贵妃鸡",以肥嫩母鸡作主料,配上香菇、淡菜、嫩笋,用葡萄酒作调味料,色泽鲜艳,肉嫩上口,酒香浓郁,味美醉人。

在西安,还有另一种"贵妃鸡",就是以鸡脯肉、葱末、料酒、蘑菇等为馅的饺子。状如麦穗,皮薄馅嫩,鲜美不腻。

3."貂蝉豆腐"

豆腐名菜不少,如杭州的"八宝豆腐"、苏州的"什锦豆腐"、无锡的"银鱼豆腐"、扬州的"文思豆腐"、诸暨的"西施豆腐"、上海的"雪花豆腐"、成都的"麻婆豆腐"、泰安的"三美豆腐"、淮南的"豆腐宴"、武昌的豆腐名菜"鱼钻沙"、哈尔滨的"叉烧豆腐"等,都是遐迩闻名的美味佳肴。

所谓"貂蝉豆腐",俗名"泥鳅钻豆腐"。此菜豆腐洁白,味道鲜美,略带辛辣,汤汁腻香。这个菜名蕴含着《三国演义》王允献貂蝉,巧使美人计的故事。用"豆腐"比喻白皙美丽的貂蝉,"泥鳅"比喻奸猾的董卓。泥鳅在热汤中急得无处藏身,只得拼命钻入冷豆腐中,但终究逃脱不了被烹煮的命运。美女肤色白皙,肌理细腻,皆可以豆腐喻之。民间俗语"吃豆腐"盖以此为喻也。

4."昭君鸭"

传说出生在楚地的王昭君,出塞之后却不习惯吃北方的面食。于是,匈奴御厨就设法将粉条和油面筋合在一起,用鸭汤烹煮,荤素搭配,汤菜一体,甚合昭君口味。后来,人们便用粉条、面筋与肥鸭烹调成菜,称之为"昭君鸭",流传至今。

在三年自然灾害时期,我正读高中。当时,食物极度缺乏,由于饥馑,营养匮乏,身体软弱,面有菜色。有时与小伙伴相聚,辄忆起曾品尝过的佳肴,不由自主地谈起美食来。寒门子弟小屁孩吃过什么美食,不过就是泰隆路的面包香肠和华中路宏业餐厅的叉烧包罢了。一人开头,他人跟上,谈性颇浓。此刻面前课桌上的教材变成一碟碟美味饭菜,大家精神振作,口舌留香——这就叫作精神会餐。大概和阿Q的胜利法同一机杼。

中国著名菜肴的命名艺术

中国可以说是饮食大国,不乏名目繁多的名菜。研究其命名规律,可以使人增加文学内涵。

1. 以数字命名,如"一品锅""二度梅""三鲜饺""四喜肉""五味羹"等。

2. 以人名命名,如"东坡肉""麻婆豆腐""西施舌""昭君鸭""贵妃鸡"等。

3. 以动物命名,如"鸳鸯蛋""蝴蝶肉""凤凰腿"等。

4. 以地名命名,如"北京烤鸭""金陵丸子""西湖醋鱼"等。

5. 以珠宝命名,如"琥珀核桃""翡翠银芽""珊瑚白菜"等。

6. 以调味料命名,如"五香牛肉""辣子鸡丁""咖喱土豆"等。

7. 以喜庆命名,如"全家福""长生果""八宝如意菜"等。

8. 以乐器命名,如"琵琶鸡""炸响铃""花鼓干贝"等。

9. 以水果命名,如"樱桃肉""石榴虾""荔枝带鱼"等。

10. 以花卉命名,如"玫瑰锅炸""菊花火锅""牡丹鳜鱼"等。

11. 套用成语命名,如鱿鱼炒鸡片叫"游龙戏凤";苦瓜炒鸡肝鸭肉叫"苦凤怜鸾";菠菜炒番茄叫"翠柳啼红";黄豆上面放置猪肉或鸭血叫"碧雪黄沙";萝卜丝上放只鲜红辣椒叫"踏雪寻梅";把松花皮蛋、咸鸭蛋、茶鸡蛋等各种蛋合放在一起,叫"丹凤朝阳";将七片莲藕孔眼灌入江米,再切五片胡萝卜刻成梅花,竟然叫"梅花欢喜漫天雪"。

12. 以神话、传说、民俗、典故而命名,如"鸿门宴""哪吒童鸡""鲤鱼跳龙门""桃园三结义""群龙抢珠""佛跳墙""霸王别姬""贵妃凤翅"等。据说,西湖宾馆餐厅有一道豆花泥鳅,菜名虽然是以典故命名,却颇具创意,叫"草船借箭":鲜活的小泥鳅与大块的豆花一同水煮,水加温后,泥鳅纷纷钻入豆花内"避热",这时加入食盐、香菇、小葱、味精等佐料文火细烹,条条泥鳅尾巴露在豆花之外,让人想起"草船借箭"的典故,结果是泥鳅借得豆花腥味褪尽,豆花借得泥鳅滋味鲜浓,一锅美味,煮出了诗人也想不到的三国文化。

13. 还有的名菜的菜名,表达了人们的美好愿望,如"三世发财"(三丝发菜)、"花好月圆"(虾仁鸡蛋)、"龙凤相会"(鸡丝鱼卷)等。

语文无处不在,只要留心,你总会有所收获。

语文实践

美名伴美味

【活动内容】

根据所给素材,制作一份主题菜单,让每道美味佳肴都有一个文雅、吉祥、符合宴会主题的名字,展示并说明命名的依据。

烹饪语文

"如何为美味伴美名"微课

【活动目标】

1. 能根据主题，选择合适的词语改换菜名。
2. 训练对菜肴特点的概括能力。
3. 训练运用修辞手法对普通菜名的艺术加工能力。
4. 培养将菜肴的特点和名称相结合的联想能力，菜名的创新能力。

【活动过程】

一、活动导入

一道好菜无论是与名人、美食家相关还是与历史典故相关，给它配一个奇妙、响亮的名字都是很有意义的。好菜名不仅能使人心情愉快、食欲大增，而且能扩大其在社会上的知名度。所以中国菜除了讲究色、香、味、形外，还有一个菜名的问题。我们不妨向过去的文人雅士学习，用更多的富有艺术的手法来表现佳肴，给菜肴取一个响亮而又名副其实的名字，俗话说"好马配好鞍"，一道佳肴配上了响亮的名字更能广泛流传，也更能体现其文化审美的价值。

二、活动组织

本次活动分寿宴、满月酒、年夜饭三个主题，学习小组抽签选择主题。定好主题后，各组收集与菜名、菜单相关的吉利话，并依据相应的主题进行菜名改写，小组讨论定稿后，利用电脑，制作一份较为精美的菜单，在语文课上进行展示。

三、方法指导

改写主题菜单，要注意收集与主题相关的词语、成语、俗语，了解主题宴席顾客喜欢热闹、喜欢吉利话、喜讨口彩的心理，特别要注意一些民俗禁忌。大致的流程可以是收集资料，确定主题宴席菜单——从菜单出发，把相关的吉利话与菜名、菜肴的材料相联系，改写菜名（可以运用的修辞手法有谐音、双关、象征、比喻等）——确定菜单，对菜单进行主题修饰，可以用一些流行词语（如"白富美"——西施豆腐，"高大上"——烤乳猪、烤全羊等）。

四、活动实施

各组根据抽签情况，选择某一类或某一本书提供的"主题菜单"或"菜品图片"素材，改写菜名，并制作展示材料，讨论、明确改名的依据，并把改名的依据形成文字材料交给汇报人。

材料一：寿宴菜单

_____宴
（横线上填写寿宴主题吉利话）

菜　　名	菜品图片	菜　　名	菜品图片
本名：锦绣大拼盘 雅趣菜名：		本名：清蒸大海斑 雅趣菜名：	

续表

菜　　名	菜品图片	菜　　名	菜品图片
本名:生灼游水虾 雅趣菜名:		本名:北菇扒芥胆 雅趣菜名:	
本名:脆奶海皇卷 雅趣菜名:		本名:蟠桃寿包 雅趣菜名:	
本名:雀巢西芹花枝片带子 雅趣菜名:		本名:鹅肝酱烧意面 雅趣菜名:	
本名:灵芝炖老龟 雅趣菜名:		本名:万寿果炖双雪 雅趣菜名:	
本名:脆皮烧鸡 雅趣菜名:		本名:生果拼盘 雅趣菜名:	
本名:金沙焗肉蟹 雅趣菜名:			

烹饪语文

材料二:广式满月酒席菜单

_____宴

（横线上填满月宴主题吉利话）

菜　名	菜品图片	菜　名	菜品图片
本名:月婆鸡汤 雅趣菜名:		本名:蒜蓉蒸鲜鱿鱼 雅趣菜名:	
本名:胡椒猪肚汤 雅趣菜名:		本名:沙虫拌腰果 雅趣菜名:	
本名:金牌烧鹅 雅趣菜名:		本名:白切鸡 雅趣菜名:	
本名:白灼海虾 雅趣菜名:		本名:三鲜炒米粉 雅趣菜名:	
本名:清蒸多宝鱼 雅趣菜名:		本名:奶油金银馒头 雅趣菜名:	
本名:五香腩尾扣 雅趣菜名:		本名:香芋蒸排骨 雅趣菜名:	

第二单元 食海诗航

续表

菜　名	菜品图片	菜　名	菜品图片
本名：墨鱼炒荷兰豆 雅趣菜名：		本名：上汤时蔬 雅趣菜名：	

材料三：牛年年夜饭菜单

<u>　　　　　</u>席

（横线上填年夜饭主题吉利话）

菜　名	菜品图片	菜　名	菜品图片
本名：酱牛肉 雅趣菜名：		本名：椒盐竹节虾 雅趣菜名：	
本名：剁椒鱼头 雅趣菜名：		本名：蜜汁煎烧五花肉 雅趣菜名：	
本名：坚果烧鸡翅 雅趣菜名：		本名：大杏仁拌芥蓝 雅趣菜名：	
本名：黄尾鲫藏珠 雅趣菜名：		本名：红烧年糕 雅趣菜名：	

续表

菜　　名	菜品图片	菜　　名	菜品图片
本名:金钱鸡肉卷 雅趣菜名:		本名:腊味香芋煲 雅趣菜名:	
本名:剁椒蒸带鱼 雅趣菜名:		本名:肉末水豆腐 雅趣菜名:	

五、展示成果

各组展示主题菜单改写成果,并解释改名依据。要注意符合主题,有节日气息,能体现民俗特点,形式不妨多样,充分展现出本组的特点。

【活动评价】

评价项目	评价标准	评价等次				教师评语
过程评价	菜名符合主题,素材丰富	A	B	C	D	
	小组分工合理,团队协作	A	B	C	D	
	成员参与度高,讨论充分	A	B	C	D	
	菜单搭配合理,符合实际	A	B	C	D	
成果展示	菜名改写符合主题	A	B	C	D	
	改名依据讲解清楚、流畅	A	B	C	D	
	形式能体现互动,有特点	A	B	C	D	
	能体现全组配合	A	B	C	D	

【活动建议】

1. 本活动是本单元所学知识能力的汇总展示,希望同学们在活动中将自己的积累、感悟、收获在菜单中体现出来,如菜单中也可以配诗。

2. 可以模拟一次主持人宣读菜单的过程,将菜单串在主题宴席活动中。

3. 可以回忆自己参加过的宴席,将有特点的宴席的经验吸收为本小组所用。

4. 活动中,涉及不懂的专业知识、民俗知识要积极请教专业课教师和文化课教师。

第三单元

食文妙笔

◆学习导读

　　中华文化博大精深，稍微留心收集，就会发现很多名篇都有对美食的描写，更有文人以美食为题材写了无数的美文。我们从这些美文中精心选择出一些篇章，提炼出三个主题，即"饮食杂谈""风味美食""茶酒风韵"。希望通过阅读赏析、思考探究、拓展延伸、实践活动，了解中国的饮食文化，认识更多的美食名家，关注地方的独特风味，体会精彩的茶酒人生。

　　饮食文化是我们民族的传统文化，作为一名烹饪专业的中职生，我们不但要学好专业知识，掌握专业技能，还要博览饮食美文，增长文化知识，增强文学素养，提高综合素质。现在成为一名合格厨师，将来成为一位有文化、有素养的烹饪大师。

第一节

饮食杂谈

文学是对社会生活的反映,它包含着作者对社会生活的认识。文学可以表达情感、增长知识、诠释历史,是时代精神和感情的结晶。从小到大我们学过诸多的文学作品,创造这些作品的很多文坛大家、雅士名人,不仅喜欢吟风弄月,更钟情于饮食之道,他们在著书立说、挥毫泼墨之余,写下了很多对饮食的感触、思考和品味。这些文字或幽默或温暖,总能让你感受到浓浓的生活气息,让人在领略饮食魅力的同时,感受中华民族五千年的灿烂文化。

主题阅读

五味(节选)

汪曾祺

山西人真能吃醋!几个山西人在北京下饭馆,坐定之后,还没有点菜,先把醋瓶子拿过来,每人喝了三调羹①醋。邻座的客人直瞪眼。有一年我到太原去,快过春节了。别处过春节,都供应一点好酒,太原的油盐店却都贴出一个条子:"供应老陈醋,每户一斤。"这在山西人是大事。

山西人还爱吃酸菜,雁北尤甚。什么都拿来酸,除了萝卜白菜,还包括杨树叶子,榆树钱儿,有人来给姑娘说亲,当妈的先问,那家有几口酸菜缸。酸菜缸多,说明家底子厚。

辽宁人爱吃酸菜白肉火锅。

北京人吃羊肉酸菜汤下杂面。

福建人、广西人爱吃酸笋。我和贾平凹在南宁,不爱吃招待所的饭,到外面瞎吃。平凹一进门,就叫:"老友面!""老友面"者,酸笋肉丝氽②下面也,不知道为什么叫作"老友"。

傣族人也爱吃酸,酸笋炖鸡是名菜。

延庆山里夏天爱吃酸饭。把好好的饭焐③酸了,用井拔凉水一和,呼呼地就下去了三碗。

都说苏州菜甜,其实苏州菜只是淡,真正甜的是无锡。无锡炒鳝糊放那么多糖!包子的肉馅里也放很多糖,没法吃!

四川夹沙肉用大片肥猪肉夹了洗沙④蒸,广西芋头扣肉用大片肥猪肉夹芋泥蒸,都极甜,很好吃,但我最多只能吃两片。

广东人爱吃甜食。昆明金碧路有一家广东人开的甜品店,卖芝麻糊、绿豆沙,广东同学趋之若鹜。"番薯糖水"即用白薯切块熬的汤,这有什么好喝的呢?广东同学曰:"好!"

北方人不是不爱吃甜,只是过去糖难得。我家曾有老保姆,正定乡下人,六十多岁了。她还有个婆婆,八十几了。她有一次要回乡探亲,临行称了两斤白糖,说她的婆婆就爱喝个白糖水。

北京人很保守,过去不知苦瓜为何物,近年有人学会吃了,菜农也有种的了。农贸市场上有很好的苦瓜卖,属于"细菜"⑤,价颇昂。

北京人过去不吃蕹菜⑥,不吃木耳菜,近年也有人爱吃了。

北京人在口味上开放了!

北京人过去就知道吃大白菜。由此可见,大白菜主义是可以被打倒的。

北方人初春吃苣荬⑦菜。苣荬菜分甜荬、苦荬,苦荬相当的苦。

有一个贵州的年轻女演员上我们剧团学戏,她的妈妈不远迢迢给她寄来一包东西,是"择耳根",或名"则尔根",即鱼腥草。她让我尝了几根。这是什么东西?苦,倒不要紧,它有一股强烈的生鱼腥味,实在招架不了!

剧团有一干部,是写字幕的,有时也管杂务。此人是个吃辣的专家。他每天中午饭不吃菜,吃辣椒下饭。全国各地的,少数民族的,各种辣椒,他都千方百计地弄来吃,剧团到上海演出,他帮助搞伙食,这下好,不会缺辣椒吃。原以为上海辣椒不好买,他下车第二天就找到一家专卖各种辣椒的铺子。上海人有一些是能吃辣的。

我的吃辣是在昆明练出来的,曾跟几个贵州同学在一起用青辣椒在火上烧烧,蘸盐水下酒。平生所吃辣椒之多矣,什么朝天椒、野山椒,都不在话下。我吃过最辣的辣椒是在越南。一九四七年,由越南转道往上海,在海防街头吃牛肉粉,牛肉极嫩,汤极鲜,辣椒极辣,一碗汤粉,放三四丝辣椒就辣得不行。这种辣椒的颜色是橘黄色的。在川北,听说有一种辣椒本身不能吃,用一根线吊在灶上,汤做得了,把辣椒在汤里涮涮,就辣得不得了。云南佤族有一种辣椒,叫"涮涮辣",与川北吊在灶上的辣椒大概不相上下。

四川不能说是最能吃辣的省份。川菜的特点是辣且麻——搁很多花椒。四川的小面馆的墙壁上黑漆大书三个字:麻辣烫。麻婆豆腐、干煸牛肉丝、棒棒鸡;不放花椒不行。花椒得是川椒,捣碎,菜做好了,最后再放。

周作人说他的家乡整年吃咸极了的咸菜和咸极了的咸鱼,浙东人确实吃得很咸。有个同学,是台州人,到铺子里吃包子,掰开包子就往里倒酱油。口味的咸淡和地域是有关系的。北京人说南甜北咸东辣西酸,大体不错。河北、东北人口重,福建菜多很淡。但这与个人的性格习惯也有关。湖北菜并不咸,但闻一多先生却嫌云南蒙自的菜太淡。

中国人过去对吃盐很讲究,如桃花盐、水晶盐,"吴盐胜雪⑧",现在则全国都吃再制精盐。只有四川人腌咸菜还坚持用自贡产的井盐。

我不知道世界上还有什么国家的人爱吃臭。

过去上海、南京、汉口都卖油炸臭豆腐干。长沙火宫殿⑨的臭豆腐因为一个大人物年轻时常吃而出名。这位大人物后来还去吃过,说了一句话:"火宫殿的臭豆腐还是好吃。"

我们一个同志到南京出差,他的爱人是南京人,嘱咐他带一点臭豆腐干回来。他千方百计,居然办到了。带在火车上,引起一车厢的人强烈抗议。

除豆腐干外,面筋、百叶(千张)皆可臭。蔬菜里的莴苣、冬瓜、豇豆皆可臭。冬笋的老根咬不动,切下来随手就扔进臭坛子里——我们那里很多人家都有个臭坛子,一坛子"臭卤"。腌芥菜挤下的汁放几天即成"臭卤"。臭物中最特殊的是臭苋菜秆。苋菜长老了,主茎可粗如拇指,高三四尺,截成二寸许小段,入臭坛,臭熟后,外皮是硬的,里面的芯成果冻状。嘬住一头,一吸,芯肉即入口中。这是佐粥的无上妙品。我们那里叫作"苋菜秸子",湖南人谓之"苋菜咕",因为吸起来"咕"的一声。

北京人说的臭豆腐指臭豆腐乳。过去是小贩沿街叫卖的:"臭豆腐,酱豆腐,王致和的臭豆腐。"臭豆腐就贴饼子,熬一锅虾米皮白菜汤,好吃!现在王致和的臭豆腐用很大的玻璃方瓶装,很不方便,一瓶一百块,得很长时间才能吃完,而且卖得很贵,成了奢侈品。我很希望这种包装能改进,一器装五块足矣。

我在美国吃过最臭的"气死"(干酪),洋人多闻之掩鼻,对我说起来实在没有什么,比臭豆腐差远了。

甚矣,中国人口味之杂也,敢说堪为世界之冠。

【注释说明】

一、注释

①调羹:吃饭喝汤用的匙,用金属、塑料等制作。

②氽(cuān)汤:一种烹调方法,将食物放在开水里稍微煮一下。

③焐(wù):用热的东西接触凉的或湿的东西使暖和、变干。

④洗沙:洗沙分赤豆和绿豆两种。豆煮烂了,用纱布包起在水中过滤,将豆皮滤掉。水中沉下的就是豆沙。除去水分,放锅里炒香,呈酱色,加入猪油、糖、咸桂花等调味料,即成洗沙。

⑤细菜:某个季节供应不多的蔬菜,如北京冬季的黄瓜、豆角、蒜苗、西红柿等。

⑥蕹(wèng)菜:草本植物,嫩茎叶可作蔬菜,又叫空心菜。

⑦苣荬(qǔ mǎi):北方野菜,春天长出的嫩茎叶可吃。

⑧吴盐胜雪:多用来形容女子皮肤白皙无瑕。这里的吴盐并非指真正的实物的盐,而纯为形容胜雪之意。该成语中字面上虽然讲的是吴地的盐纯白要胜过皑皑白雪,但实际上并非要称赞吴地的盐雪白胜雪,而是通过吴盐雪白来委婉地表达对女子皮肤白皙的赞美之意。

⑨火宫殿:饭店名,位于长沙近郊宁乡县龙溪中路,是长沙乃至湖南的集民俗文化、火庙文化、饮食文化于一体的具有代表性的大众场所,特别是火宫殿的风味小吃享誉三湘。

二、说明

(一)《汪曾祺全集》

本套书收录了大量汪曾祺先生的小说、散文、戏剧及其他作品,从这些内容丰富、题材各异的作品中,读者可以对汪曾祺先生的思想情感和艺术风格有一个全面的了解。本文选自《汪曾祺全集》。

(二)汪曾祺

汪曾祺(1920—1997),江苏高邮人,中国当代作家、散文家、戏剧家,京派作家的代表人物。早年毕业于西南联合大学,历任中学教师、北京市文联干部、《北京文艺》编辑、北京京剧院编辑。

在小说创作上颇有成就,尤其是短篇小说,在戏剧与民间文艺方面也有深入研究。代表作有小说《受戒》《大淖记事》,小说集《邂逅集》,散文集《蒲桥集》。其散文《端午的鸭蛋》和《胡同文化》被选入中学语文课本。

他以散文笔调写小说,写出了家乡五行八作的见闻和风土人情、习俗民风,富于地方特色。作品在疏放中透出凝重,于平淡中显现奇崛,情韵灵动淡远,风致清逸秀丽。

【赏析指导】

本文充满生活情趣地展现了我国的"五味",表达了作者对生活的品味与热爱和对祖国美食文化的热爱。

文章开门见山,直接切题:"山西人真能吃醋!"这句话平白朴素,表现力强,给人强烈的冲击。接着,或用自己亲身经历,或用自己对风土人情的了解,说明"酸"的地域特征和各地美食。而后作者按照"酸""甜""苦""辣""咸""臭"的说明顺序,写尽饮食文化之精妙,让人大开眼界、饱享"口"福。最后,作者总结道:"甚矣,中国人口味之杂也,敢说堪为世界之冠。"赞美我国博大精深的饮食文化。

作者是一位非常讲究语言艺术的作家,他曾经谈到自己在语言上的追求:平淡而有味,用适当的方言表现作品的地方特色,还有淡淡的幽默。作者对生活充满了孩童般的好奇心和敏锐的洞察力,表现了浓厚的食之趣。作者知识渊博,经历丰富,运用自己的经历进行说明是本文的一大特点。请同学们阅读时注意体会。

【读写探究】

一、给下列加点的字注音

调羹(　　)　蘸(　　)　掰开(　　)　干煸(　　)　主茎(　　)

干酪(　　)　奢侈(　　)(　　)

二、解释下面的词语

1. 趋之若鹜

2. 不远迢迢

3. 吴盐胜雪

三、结合选文，理解下面句子的含义

1. 北京人在口味上开放了！

2. 甚矣，中国人口味之杂也，敢说堪为世界之冠。

四、联系实际，谈谈自己家乡的饮食特色（从中国烹饪饮食里"五味"的角度分析）

扫码看答案

【知识拓展】

中国烹饪艺术文化的最高境界：五味调和

中华民族有着悠久的饮食文化和传统，其核心精神就是五味调和。中华饮食烹饪与烹调手法多样，制作工艺讲究色质味形，在饮食结构和营养搭配上力求互补促进。在饮食滋味的确立上，调味成为饮食优劣成败的重要环节。

调味与中医学很有渊源。《黄帝内经》指出，食物有四性五味，即寒热温凉四性，酸苦甘辛咸五味。"辛甘发散为阳，酸苦涌泄为阴，咸味涌泄为阴，淡味渗泄为阳"。将食物的滋味分为阴阳两大类，探索出五味对健康的影响，这是传统中医的独特智慧。中医认为：酸入肝，苦入心，甘入脾，辛入肺，咸入肾。《周礼》中写有："以五味、五谷、五药养其病""以酸养骨，以辛养筋，以咸养脉，以苦养气，以甘养肉"。在日常生活中，中华饮食强调营养平衡，追求五味调和，以达到减少疾病、促进健康的目的。

几千年过去了，五味调和依然是中华饮食的烹调之道。坚持五味调和，就能做出美味佳肴。深悟五味调和之道，我们也能够通晓生活之道、做人之道和治国之道。学习中华文化，重在体验和传承中华文化精神。

【延伸阅读】

中国人的饮食（节选）

林语堂

你们吃什么？常常会有人提出这样的问题。我们答之，凡是地球上能吃的东西我们都吃。出于爱好，我们吃螃蟹；出于必要，我们又常吃草根。经济上的需要是我们发明新食品之母。我们的人口太多，而饥荒又过于普遍，不得不吃可以到手的任何东西。于是，以下事实便非常合乎情理：在实实在在地品尝了一切可吃的东西之后，像科学或医学上的许多发现都是出于偶然一样，我们也可能有意外的发现。比如，我们已经发现了一种具有神奇的滋补健身效用的人参，我本人愿意用自己的亲身体会来证明它是人类所知具有长效的最具滋养价值的补剂，它对身体的作用来得既缓慢又温和。撇开这种在医药或烹饪上都有重要意义的偶然发现不论，毋庸置疑，我们也是地球上惟一无所不吃的动物。只要我们的牙齿还没掉光，我们就会继续保持这个地位。也许有一天，牙齿医生会发现我们作为一个民族，具有最为坚固的优良牙齿。既然我们有天赐的一口好牙，且又受着饥荒的逼迫，我们就没有理由不可以在民族生活的某一天发现炒甲虫和油炸蜂蛹是美味佳肴。我们惟一没有发现也不会去吃的食品是奶酪。蒙古人没法开导我们去吃，欧洲人的劝说也未必见得会奏效。

如果说还有什么事情要我们认真对待，那么，这样的事情既不是宗教也不是学识，而是"吃"。我们公开宣称"吃"是人生为数不多的享受之一。这个态度问题是至关重要的，因为除非我们老老实实地对待这个问题，否则我们永远也不可能把吃和烹调提高到艺术的境界上来。在欧洲，法国人和英国人各自代表了一种不同的饮食观。法国人是放开肚皮大吃，英国人则是心中略有几分愧意地吃。而中国的美食家在饱口福方面则倾向于法国人的态度。

然而，如果人们不愿意就饮食问题进行讨论和交换看法，他们就不可能去发展一个民族的技艺。学习怎样吃的第一个要求是先就这个问题聊聊天。只有一个社会中有文化有教养的人们开始询问他们的厨师的健康状况，而不是寒暄天气，这个社会里的烹调艺术才会发展起来。未吃之前，先急切地盼望，热烈地讨论，然后再津津有味地吃。吃完之后，便争相评论烹调的手艺如何，只有这样才算真正地享受了吃的快乐。牧师可以在讲坛上无所顾忌地斥责牛排味道难闻，而学者则可以像中国的文人那样著书专论烹调艺术。在我们得到某种特殊的食品之前，便早就在想念它，在心里盘算个不停，盼望着同我们最亲近的朋友一起享受这种神秘的食品。我们这样写请柬："我侄子从镇江带来了一些香醋和一只老尤家的正宗南京板鸭。"或者这样写："已是六月底了，如果你不来，那就要等到明年五月才能吃到另一条鲥鱼了。"秋月远未升起之前，像李笠翁这样的风雅之士，就会像他自己所说的那样，开始节省支出，准备选择一个名胜古迹，邀请几个友人在中秋朗月之下或菊花丛中，持蟹对饮。他将与知友商讨如何弄到端方太守窖藏之酒。他将细细琢磨这些事情，好像英国人琢磨中彩的号码一样。只有采取这种精神，才能使我们的饮食问题达到艺术的水准。

我们毫无愧色于我们的吃。我们有"东坡肉"又有"江公豆腐"。而在英国,"华兹华斯牛排"或"高尔斯华绥炸肉片"则是不可思议的。华兹华斯高唱什么"简朴的生活和高尚的思想",但他竟然忽视了精美的食品,特别是像新鲜的竹笋和蘑菇,是简朴的乡村生活的真正欢乐之一。中国的诗人们具有较多功利主义的哲学思想。他们曾经坦率地歌咏本乡的"鲈脍莼羹"。这种思想被视为富有诗情画意,所以在官吏上表告老还乡之时常说他们"思吴中莼羹",这是最为优雅的辞令。确实,我们对故乡的眷恋大半是因为留恋儿提时代尽情尽兴的玩乐。美国人对山姆大叔的忠诚,实际是对美国炸面饼圈的忠诚;德国人对祖国的忠诚实际上是对德国油炸发面饼和果子蛋糕的忠诚。但美国人和德国人都不承认这一点。许多身居异国他乡的美国人时常渴望故乡的熏腿和香甜的红薯,但他们不承认是这些东西勾起了他们对故乡的思念,更不愿意把他们写进诗里。

我们中国人对待饮食的郑重态度,可以从许多方面看出来,任何人翻开《红楼梦》或者中国的其他小说,将会震惊于书中反复出现、详细描述的那些美味佳肴,比如黛玉的早餐和宝玉的夜点。郑板桥在写给他弟弟的信中,如此颂扬了米稀饭:

天寒冰冻时,穷亲戚朋友到门,先泡一大碗炒米送手中,佐以酱姜一小碟,最是暖老温贫之具。暇日咽碎米饼,煮糊涂粥,双手捧碗,缩颈而啜之,霜晨雪早,得此周身俱暖。嗟乎!嗟乎!吾其长为农夫以没世乎!

中国的烹饪有两点有别于西方:其一,我们吃东西是吃它的组织肌理,它给我们牙齿的松脆或富有弹性的感觉,以及它的色、香、味。李笠翁自称为"蟹奴",因为蟹集色、香、味三者于一身。所谓"组织肌理"的意思,很少有人领会;但是我们应该知道,竹笋之所以深受人们青睐,是因为嫩竹能给我们牙齿以一种细微的抵抗。品鉴竹笋也许是辨别滋味的最好一例。它不油腻,有一种神出鬼没般难以捉摸的品质。不过,更重要的是,如果竹笋和肉煮在一起,会使肉味更加香浓,猪肉尤其如此,另一方面,它本身也会吸收肉的香味。这是中国烹饪有别于西方的第二点,即味道的调和。整个中国烹饪法,就是仰仗着各种品味的调和艺术。虽然中国人承认许多食物(像鲜鱼)就得靠其本身的原汁烹煮,但总的来讲,他们在将各种品味调和起来这方面,远比西方人做得多。例如,如果你没有吃过白菜煮鸡,鸡味渗进白菜里,白菜味钻进鸡肉中,你不会知道白菜的美味。根据这个味道混合的原则,可以烹调出许多精美可口的混合菜肴来。像芹菜,可以生吃,也可以单炒。然而,如果中国人在西方人的宴会上看到菠菜、胡萝卜之类也被分别烹煮,而且与猪肉或烧鹅放在同一个盘子里,他们未免会嘲笑这些野蛮人。

至于各种饮料,我们生来就很有节制,只有茶是例外。由于酒类饮料较为缺乏,我们很少能在街上看到酒鬼。饮茶本身就是一门学问。有些人竟达到迷信茶的地步。有不少有关饮茶的专门书籍,正如有不少有关焚香、酿酒饮酒和房屋装饰用石的书一样。饮茶为整个国民的日常生活增色不少。它在这里的作用,超过了任何一项同类型的人类发明。饮茶还促使茶馆进入人们的生活,相当于西方普通人常去的咖啡馆。人们或者在家里饮茶,或者去茶馆饮茶;有自斟自饮的,也有与人共饮的;开会的时候喝茶,解决纠纷的时候也喝;早餐之前喝,午夜也喝。只要有一只茶壶,中国人到哪儿都是快乐的。这是一个普遍的习惯,对身心没有任何害处。不过也有极少数的例外,比如在我的家乡,据传说曾经有些人因为饮茶而倾家荡产。这只可能是由于喝上好名贵的茶叶所致,但一般的茶叶是便宜的,而中国的一般茶叶也能好到可供一位王子去喝的地步。最好的茶叶是温和而有"回味"的,这种回味在茶水喝下去一二分钟之后,化学作用在唾液腺上发生之时就会产生。这样的好茶喝下去之后会使每个人的情绪都为之一振,精神也会好起来。我毫不怀疑它具有使中国人延年益寿的作用,因为它有助于消化,使人心平气和。

过去,在中国火车上是很难尝到好茶的,即使一等车厢也一样,那儿只有或许是最不合我口味的利普顿茶,而且还掺着牛奶和糖。利普顿爵士来上海访问时,受到当地一位富人的款待。他想喝一杯中国茶,却不能如愿。人家给他喝了利普顿茶,加奶,加糖。

语文实践

我来写菜谱

【活动内容】

将名家的美食文章改写为标准菜谱是根据单元主题而设计的课外拓展活动,通过本次活动了解中华饮食文化的内涵,提高文化素养。同时能够读懂文章内容,再根据自己的理解和已有的专业知识完成标准菜谱的改写工作。

【活动目标】

1. 提高学生理解与专业相关的文章大意的能力。
2. 提高学生运用语言文字的能力,培养学生改写的能力,注重学生语文能力的实践训练。
3. 巩固学生的专业知识,激发学生的学习兴趣,提升学生的人文素养。

【活动过程】

一、任务驱动,拉开活动

任何一种文化都有其内在追求,中华饮食的文化追求可以概括成四个方面,精、美、情、礼。同学们通过一段时间的专业课学习,已经有了一定的认识,请结合你的专业课知识深入理解中华饮食文化的深刻内涵。

二、调查访问,收集资料

学生设计"中华饮食调查表",评出最佳设计。

1. 一组:调查中华饮食的"精"。

"精"是对中华饮食文化的内在品质的概括。孔子说过:"食不厌精,脍不厌细。"意思是说,粮食舂得越细越好,肉切得越细越好。这反映了先民对于饮食的精细意识,请同学们调查我国饮食"精"的具体体现。

2. 二组:调查中华饮食的"美"。

"美"体现了中华饮食文化的审美特征。中华饮食之所以能够征服世界,重要原因就在于它的美。请同学们举例分析。

3.三组:调查中华饮食的"情"。

"情"是对中华饮食文化社会心理功能的概括。吃是人与人之间情感交流的媒介,是一种别开生面的社交活动。请同学们收集相关材料加以说明。

4.四组:调查中华饮食的"礼"。

"礼"是指饮食活动的礼仪性。我国饮食十分讲究"礼"。在古代,在饭菜的食用上都有严格的规定,通过饮食礼仪体现等级区别。请同学们收集整理相关资料一起分享。

三、组内交流,表达体验

1.精:闽菜刀工素来有"切丝如发,片薄如纸"的美誉。

2.美:中华美食追求"色""香""味"俱全。

3.情:叶圣陶的《藕与莼菜》、汪曾祺的《豆汁儿》都体现了浓浓的乡情。

4.礼:菜肴摆放,用饭过程都体现了中华饮食中的"礼"。

四、分组学习名家美食文章,明确标准菜谱的写法

(一)分组学习名家美食文章

狮子头

梁实秋

狮子头,扬州名菜。大概是取其形似,而又相当大,故名。北方饭庄称为四喜丸子,因为一盘四个。北方作法不及扬州狮子头远甚。

我的同学王化成先生,扬州人,幼失怙,赖姑氏扶养成人,姑善烹调,化成耳濡目染,亦通调和鼎鼐之道。化成官外交部多年,后外放葡萄牙公使历时甚久,终于任上。他公余之暇,常亲操刀俎,以娱嘉宾。狮子头为其拿手杰作之一,曾以制作方法见告。

狮子头人人会做,巧妙各有不同。化成教我的方法是这样的——

首先取材要精。细嫩猪肉一大块,七分瘦三分肥,不可有些须筋络纠结于其间。切割之际最要注意,不可切得七歪八斜,亦不可剁成碎泥,其秘诀是"多切少斩"。挨着刀切成碎丁,越碎越好,然后略为斩剁。

次一步骤也很重要。肉里不羼芡粉,容易碎散;加了芡粉,黏糊糊的不是味道。所以调好芡粉要抹在两个手掌上,然后捏搓肉末成四个丸子,这样丸子外表便自然糊上了一层芡粉,而里面没有。把丸子微微按扁,下油锅炸,以丸子表面紧绷微黄为度。

再下一步是蒸。碗里先放一层转刀块冬笋垫底,再不然就横切黄芽白作墩形数个也好。把炸过的丸子轻轻放在碗里,大火蒸一个钟头以上。揭开锅盖一看,浮着满碗的油,用大匙把油撇

去,或用大吸管吸去,使碗里不见一滴油。

这样的狮子头,不能用筷子夹,要用羹匙舀,其嫩有如豆腐。肉里要加葱汁、姜汁、盐。愿意加海参、虾仁、荸荠、香蕈,各随其便,不过也要切碎。

狮子头是雅舍食谱中重要的一色。最能欣赏的是当年在北碚的编译馆同仁萧毅武先生,他初学英语,称为"莱阳海带",见之辄眉飞色舞。化成客死异乡,墓木早拱矣,思之怃然!

干丝(《豆腐》节选)

汪曾祺

干丝是淮扬名菜。大方豆腐干,快刀横披为片,刀工好的师傅一块豆腐干能片十六片;再立刀切为细丝。这种豆腐干是特制的,极坚致,切丝不断,又绵软,易吸汤汁。旧本只有拌干丝。干丝入开水略煮,捞出后装高足浅碗,浇麻油酱醋。青蒜切寸段,略焯,五香花生米搓去皮,同拌,尤妙。煮干丝的兴起也就是五六十年的事。干丝母鸡汤煮,加开阳(大虾米),火腿丝。我很留恋拌干丝,因为味道清爽,现在只能吃到煮干丝了。干丝本不是"菜",只是吃包子烧麦的茶馆里,在上点心之前喝茶时的闲食。现在则是全国各地淮扬菜系的饭馆里都预备了。我在北京常做煮干丝,成了我们家的保留节目。北京很少遇到大白豆腐干,只能用豆腐片或百页切丝代替。口感稍差,味道却不逊色,因为我的煮干丝里下了干贝。煮干丝没有什么诀窍,什么鲜东西都可往里搁。干丝上桌前要放细切的姜丝,要嫩姜。

炸响铃(《豆腐》节选)

汪曾祺

杭州知味观有一道名菜:炸响铃。豆腐皮(如过干,要少润一点水),瘦肉剁成细馅,加葱花细姜末,入盐,把肉馅包在豆腐皮内,成一卷,用刀剁成寸许长的小段,下油锅炸得馅熟皮酥,即可捞出。油温不可太高,太高豆皮易煳。这菜嚼起来发脆响,形略似铃,故名响铃。做法其实并不复杂。肉剁极碎,成泥状(最好用刀背剁),平摊在豆腐皮上,折叠起来,如小钱包大,入油炸,亦佳。不入油炸,而以酱油冬菇汤煮,豆皮层中有汁,甚美。北京东安市场拐角处解放前有一家肉店宝华春,兼卖南味熟肉,卖一种酒菜:豆腐皮切细条,在酱肉汤中煮透,捞出,晾至微干,很好吃,不贵。现在宝华春已经没有了。豆腐皮可做汤。炖酥腰(猪腰炖汤)里放一点豆腐皮,则汤色雪白。

玻璃叶饼(《东北风味》节选)

端木蕻良

家乡有一种树,叶子很大,叶面光华,反光性很好,乡亲们都叫这树的叶子为玻璃叶。用这种叶子包制的饼,叫玻璃叶饼。

其实,叫它作饼,是并不适合的,它应该叫作糕。它的做法是:将精细的江米面,用水调成较稠的糊状,加进松子仁、瓜子仁、核桃仁、花生仁、杏仁等。揉匀,上屉,摊平,蒸熟;然后切成长方形块状,用洗净、浸泡得柔软的玻璃叶包在外面,接着再放屉上蒸透。每当母亲做玻璃叶饼的时候,锅还没揭开,清香就扑鼻了。我这"老"儿子,优先得到一块母亲怕烫着我而放在小碟子里的玻璃叶饼时,别提有多高兴了。而这饼的清香,至今没有超过它的。

(二)明确标准菜谱的写法(以"宫保鸡丁"为例,明确两类标准菜谱的写法)

宫保鸡丁标准菜谱一

材料		调味料		做法	
主料	辅料	1	2	第一步	第二步
鸡腿2只	干辣椒4支、葱1根、姜1块、大蒜3瓣、花椒粒1大匙、花生2大匙、蒜片少许、麻油少许	酱油1茶匙、蛋半个、淀粉少许	酱油2大匙、米酒1大匙、醋2茶匙、味精少许、糖1茶匙、湿淀粉少许	鸡腿去骨切小块,拌入调味料1腌10分钟,过油备用,葱切段,姜切片	用2大匙油爆香花椒粒后捞出,然后炒干辣椒、葱段、姜片、蒜片,放入鸡丁拌炒,加入调味料2炒匀,淋少许麻油并洒入花生即可

宫保鸡丁标准菜谱二

序号	步骤	做法	技术要点
1	原料加工	1.鸡肉去筋膜,洗干净;酥花生仁去皮	鸡肉可以选用去骨的鸡腿或鸡脯;花生仁采用盐酥的方式更容易去皮
		2.大葱去根须、葱叶,洗净备用	大葱选用粗细约1厘米的最为合适。用量稍多,在此菜中也可看作是辅料
2	组配加工过的原料	1.净鸡肉先用刀根戳几下,斩成1.5厘米的丁,与精盐、料酒、酱油、水淀粉拌匀。干辣椒切成1.5厘米的节,姜、蒜切1.2厘米见方的薄片,葱切成约1厘米长的丁	鸡肉切丁前拍松或用刀戳过,使其容易入味成熟,鸡丁大小要均匀。干辣椒切节后要揉搓后抖去辣椒籽,否则辣椒籽容易黏附在原料上,影响成菜美观
		2.将精盐、料酒、酱油、醋、白糖、味精、鲜汤、水淀粉调成荔枝味芡汁	咸、甜、酸味并重,芡汁量稍微多一点

"跟我学写菜谱"微课

续表

序号	步骤	做法	技术要点
3	烹制成菜	1.炒锅置火上,放油烧至五成热,放入干辣椒、花椒炸香后,放鸡丁炒至断生	干辣椒、花椒要炸出香味,但需防止焦煳。变浅棕红色即可下鸡丁。鸡丁入锅后可先抖动锅身,防止粘连锅底,再用手勺翻动,使其受热均匀
		2.加姜片、蒜片、葱丁炒香,倒入调味芡汁,待收汁亮油,放入酥花生仁颠簸均匀,起锅即可	调味芡汁采用烹入法入锅,做到收汁亮油
4	成品装盘	菜肴采用"盛入法"和"拉入法"装入器皿,呈堆落状	主料突出,成型较好,盘边洁净无油迹
5	菜肴整理	可适当进行点缀装饰	

(三)每组完成一篇文章的改写

写作要求：

(1)内容完整具体,步骤清晰。

(2)语句通顺,语言表述恰当,标点符号运用适合。

(3)格式准确,书写规范,没有错别字。

五、班级集体展示，共同交流学习

【活动评价】

学生活动评价表

评价项目	评价标准	评价等次			教师总评
改写内容	内容完整具体,步骤清晰	A	B	C	
	语句通顺,语言表述恰当,标点符号运用适合	A	B	C	
	格式准确,书写规范,没有错别字	A	B	C	
语言表达	口齿清楚,表达流畅	A	B	C	
	语速恰当,语气、语调、音量、节奏处理得当	A	B	C	
	思想情感表达与形体动作协调一致	A	B	C	
形象风度	仪表端庄,神态自然、大方	A	B	C	
	演讲者精神饱满,能较好地运用姿态、动作、手势、表情,表达对所讲内容的理解	A	B	C	

续表

评价项目	评价标准	评价等次			教师总评
沟通协作	播放电子演示文稿的同学能与演讲的同学配合默契	A	B	C	
	展示成果时组内要人人参与	A	B	C	

【活动建议】

一、活动形式

1.将班级成员分为四组,各小组选出一名组长,组长负责整体工作安排,各小组成员自主、合作、探究,全体参与综合实践活动。

2.各小组下发调查问卷,学生收集材料,完成相应任务。

二、活动准备

1.设计调查问卷,理解中华饮食文化的深刻内涵。

2.收集整理名家的美食文章,并理解其主要内容。

3.明确标准菜谱的具体写法,将语文知识与专业知识结合,能够将所学到的具体的操作步骤及时整理。

三、方法指导

1.通过此次活动明确标准菜谱的具体写法,提倡创作个性化的菜谱。

2.将职业技能的夯实、职业理想的培养与语文实践活动结合起来,只要充分准备,加强团队协作,一定会取得理想的效果。

第二节

风味美食

　　中华烹饪天下独揽,文人雅士吃在嘴里,回味无穷,就忍不住将自己的感受写成文章。许多著名的文学家,同时也是美食家,文人下笔写美文,上灶烹美食,二美合一美,相映成趣。于是,就有了那些美妙无比的饮食文字,经久不衰地传递着佳肴的芬芳,让我们在文学的餐桌上享受盛筵,反复咀嚼,总有新味。

主题阅读

春　卷

舒　婷

　　春卷的普及范围是这样狭小,只有闽南①人心领神会。厦门和泉州虽同属闽南,春卷体系又有不同,一直在相互较力,裁判公婆各执一词②,于是各自发展得越加精美考究。

　　即使在厦门工作了好几年的外地人,也未必能吃上正宗春卷。隆冬时节大街上小吃摊都有的卖,仿佛挺大众化的。其实,萝卜与萝卜须吃起来毕竟有很大区别。

　　有稀客至,北方人往往包饺子待客,而南方人就做春卷吗?也不。即使上宾有如总统,春卷却也不肯召之即来。首先要看季节,最好是春节前后。过了清明,许多原料都走味,例如,海蛎已破肚,吃起来满嘴腥③。第二要有充足的时间备料。由于刀工要求特别细致,所以第三还要有好心情。当然不必像写诗那么虔诚④,但至少不要失魂落魄⑤到将手指头切下来。

　　霜降以后,春卷的主力军纷纷亮相,但是抹春卷皮的平底锅还未支起来;秋阳熙熙,小巷人家屋顶尚未晾出一簸簸海苔来。这时候的包菜尚有"骨",熬不糜⑥;红萝卜皱皱的,还未发育得皮亮心脆;海蛎还未接到春雨,不够肥嫩;总之,锣鼓渐密,帘幕欲卷,嗜春卷的人食指微动,可主角绝不苟且,只待一声嘹亮。

　　终于翡翠般的豌豆角上市了,芫荽肥头大耳,街上抹春卷皮的小摊排起了长龙。主妇们从市场回家,倾起一边身子走路——菜篮子那个重呀!

　　五花肉切成丝炒熟;豆干切成丝炒黄;包菜、大蒜、豌豆角、红萝卜、香菇、冬笋各切成丝炒熟,拌在一起,加上鲜虾仁、海蛎、扁鱼丝、豆干丝、肉丝,煸透,一起装在大锅里文火慢煨。

这是主题,桌上还有不少文章。

春卷皮是街上买的,要摊得纸一样薄,还要柔韧,不容易破。把春卷皮摊平桌上,抹上辣酱,往一侧铺张脱水过的香菜叶,撒上絮好油酥过的海苔,将上述焖菜挤去汤水堆成长形,再撒上蒜白丝、芫荽、蛋皮、贡糖末,卷起来就是春卷。初涉此道的人往往口不停地先问怎么啦再怎么啦,延误时机,菜汁渗透皮,最后溃不成卷。孩子则由于贪心,什么都多多地加,大人只好再帮垫一张皮。因此鲁迅的文章里说厦门人吃的春卷小枕头一般。

曾经到一个外地驻厦门办事处去玩。那儿几个巧媳妇雄心勃勃想偷艺,要做春卷,取出纸笔,要我一一列账备料。我如数写完,她们面面相觑,无人敢接。再去时,她们得意洋洋留我午饭,说是今天有春卷。我一看,原来是厚厚的烙饼夹豆芽菜,想想也没错,这也叫春卷,福州式的。

春卷在厦门,好比恋爱时期,面皮之嫩,如履薄冰;做工之细,犹似揣摩恋人心理;择料之精,丝毫不敢马虎,甜酸香辣莫辨,惊诧忧喜交织其中。到了泉州,进入婚娶阶段,蔬菜类炖烂是主食,虾、蛋、海蛎、扁鱼等精品却另盘装起,优越条件均陈列桌上,取舍分明,心中有数。流传到福州,已是婚后的惨淡经营,草草收兵,锅盔夹豆芽,粗饱。

我有一个九十岁的老姑丈,去菲律宾六十余年,总是在冬天回厦门吃春卷,又心疼我父亲劳累,教我父亲操作精简些,说只要在蔬菜类中加些鸡液、虾汤、鲜贝汁就行。我父亲默默然半天问:剩下来的鸡肉、虾仁、鲜贝怎么办?

做春卷是闽南许多家庭的传统节目。小时候因为要帮忙择菜,锉萝卜丝,将大好的假期花在侍候此物上真是不值,下定决心讨厌它。我大姨妈是此中高手,由她主持春卷大战,我们更是偷懒不得。还忆苦思甜,说当年她嫁进巨富人家,过年时率四个丫鬟在天井切春卷菜,十指都打泡。吃年夜饭时,她站在婆婆身后侍候,婆婆将手中咬剩的半个春卷赏给她吃,已算开恩。听得我们不寒而栗⑦。大姨妈的"春卷情结"影响了我们,除夕晚上,我们几个孩子无一不是因为吃多了春卷而灌醋而揉肚子而半夜起来干呕。

每每发誓,轮到我当家,再不许问津春卷。

不料我公公、丈夫、儿子都是死不悔改的春卷迷。今年刚刚入冬,儿子就计较着:"妈妈,今年我又大了一岁,春卷可以吃四个吧?"丈夫含蓄,只问我要不要他帮拎菜篮子。公公寡言,但春卷上桌,他的饭量增了一倍。只好重拾旧河山,把老节目延续下来。

幸亏我没有女儿。

可惜我没有女儿。

【注释说明】

一、注释

①闽南:福建简称为闽,闽南即指福建的南部,地域上的闽南包括厦门、漳州、泉州、龙岩。但从地域和文化等多方面来说,闽南特指的是厦门、漳州、泉州三地,并不包括以客家文化为主的龙岩地区。

②各执一词:执:坚持。各人坚持各人的说法。形容意见不一致。

③腥(xīng):像鱼的气味。

④虔(qián)诚:恭敬而有诚意。

⑤失魂落魄:旧指人身中离开形体能存在的精神为魂,依附形体而显现的精神为魄。形容惊慌忧虑、心神不定、行动失常的样子。

⑥糜(mí):动词,碎。

⑦不寒而栗(lì):栗:畏惧,发抖。不冷而发抖,形容非常恐惧。

二、说明

舒婷,原名龚佩瑜,1952年出生于福建,朦胧诗派代表人物,当代女诗人。

主要著作有诗集《双桅船》《会唱歌的鸢尾花》《始祖鸟》,散文集《心烟》等。她的《祖国啊,我亲爱的祖国》获全国中青年优秀诗歌作品奖。她和同代人北岛、顾城、梁小斌等以迥异于前辈的诗风,在中国诗坛上掀起了一股"朦胧诗大潮"。舒婷是朦胧诗派的代表人物,《致橡树》是朦胧诗潮中的代表作之一。

【赏析指导】

春卷——闽南独特的小吃,普及范围不大,却根据地域各有特色。身为厦门人的作者,在文章中为大家介绍的就是厦门派的春卷。

若想吃到正宗的春卷,并非易事。只有季节恰当,材料丰盛,并且心情舒畅,才能做出好春卷。于是作者在文章中不无详尽地介绍了春卷的制作过程:精挑细选出的各类时鲜蔬菜、山珍海味,经过细切慢煨制成馅料,摊在柔韧、薄如纸般的春卷皮上,加上其他配料,方能卷成春卷。工序虽繁复得让人眼花缭乱,但美味却也令人垂涎欲滴。厦门人那种精巧细致、讲求品位的生活态度,通过这小小春卷尽览无余。

春卷之所以深受欢迎,不仅因为它味道鲜美,更因为其是家庭传统节目,一大家人其乐融融包春卷的场景,旧式家族婆婆对儿媳的赏识,作者对儿子、丈夫、公公的关爱,都从小小的春卷中流淌出来,阅读中触动心弦的不是春卷,而是亲情四溢的温馨,请同学们认真体会。

【读写探究】

一、给下列加点的字注音

闽南(　　)　　海蛎(　　)　　腥(　　)　　虔诚(　　)　　簸(　　)　　熙熙(　　)

慢煨(　　)　　糜(　　)

二、解释下面的词语

1. 各执一词

2. 失魂落魄

3. 如履薄冰

4. 面面相觑

5. 不寒而栗

6. 雄心勃勃

三、春卷好吃,却不能"召之即来"。结合文章,概括其中的原因

四、在舒婷的笔下,春卷是如此有人情味。你的记忆中一定也有饱含浓浓亲情、友情的美食。请描绘你与亲人或朋友共享某一种美食的情景(要求字数不少于50字)

1. 聚会里

2. 旅游中

3. 饥饿时

扫码看答案

【知识拓展】

一、借物抒情

借物抒情是描写事物要紧扣与此事物有关的人事的变迁、荣辱、生死等,一草一木,一砖一石,处处都浸染着人物的喜怒哀乐。虽只是对事物的描绘,但读者读来却字字都包孕着真切动人的情感。借物抒情要求我们在描写物品时,将感情寄托于对事物的爱憎之中,要借物品的形象含蓄地抒发自己的感情。运用借物抒情的方法,关键是找准物品的特点与自己的感情引起共鸣的地方,使物品与感情相统一,使感情有所依托。

二、《雅舍谈吃》

梁实秋(1902—1987),二十世纪中国著名的文学评论家、散文家、翻译家。他学贯中西,著作颇多,堪称二十世纪中国文学史上的泰斗之一。他是世界上第一个完整翻译《莎士比亚全集》的人,也是最早翻译出《沉思录》的华人。

《雅舍谈吃》是梁实秋的代表作的精选集,收录了《酸梅汤与糖葫芦》等文章。梁实秋文章集文人散文与学者散文的特点于一体,旁征博引,内蕴丰厚,行文崇尚简洁,重视文调,追求"绚烂之极趋于平淡"的艺术境界及文调雅洁与感情渗入的有机结合。且因洞察人生百态,文笔机智闪烁、谐趣横生,严肃中见幽默,幽默中见文采。让你在阅读之中如沐春风,也会让你在淡淡的沉思中品味人生的真谛。

三、《美食家》

陆文夫(1928—2005),江苏泰兴人,曾任苏州文联副主席、中国作家协会副主席等。在数十年文学生涯中,陆文夫在小说、散文、文艺评论等方面都取得了卓越的成就,他以《献身》《小贩世家》《围墙》《井》《美食家》等优秀作品和《小说门外谈》等饮誉文坛,深受中外读者的喜爱。

《美食家》是陆文夫小说创作的一个高峰。小说通过对一位嗜吃如命的吃客朱自冶的描绘,艺术地概括了新中国成立以来几个历史阶段的经验教训,具有深广的历史内涵与社会内容。作家在作品中精致地描摹了古城苏州的风土人情、园林风景、吴越遗迹、风味小吃、吴侬软语、石板小巷、小桥流水……异彩纷呈。这些苏州特有的文化与风俗,成为他小说中的重要元素,具有独特的文化地域魅力,使他的小说赢得了"小巷文学"和"苏州文学"的美称。

【延伸阅读】

豆汁儿

汪曾祺

没有喝过豆汁儿,不算到过北京。

小时看京剧《豆汁记》(即《鸿鸾禧》,又名《金玉奴》,一名《棒打薄情郎》),不知"豆汁"为何物,以为即是豆腐浆。

到了北京,北京的老同学请我吃了烤鸭、烤肉、涮羊肉,问我:"你敢不敢喝豆汁儿?"我是个"有毛的不吃掸子,有腿的不吃板凳,大荤不吃死人,小荤不吃苍蝇"的主,喝豆汁儿,有什么不"敢"?他带我去到一家小吃店,要了两碗,警告我说:"喝不了,就别喝。有很多人喝了一口就吐了。"我端起碗来,几口就喝完了。我那同学问:"怎么样?"我说:"再来一碗。"

豆汁儿是制造绿豆粉丝的下脚料。很便宜。过去卖生豆汁儿的,用小车推一个有盖的木桶,串背街、胡同。不用"唤头"(招徕顾客的响器),也不吆唤。因为每天串到哪里,大都有准时候。到时候,就有女人提了一个什么容器出来买。有了豆汁儿,这天吃窝头就可以不用熬稀粥了。这是贫民食物。《豆汁记》的金玉奴的父亲金松是"杆儿上的"(叫花头),所以家里有吃剩的豆汁儿,可以给莫稽盛一碗。

卖熟豆汁儿的,在街边支一个摊子。一口铜锅,锅里一锅豆汁儿,用小火熬着。熬豆汁儿只能用小火,火大了,豆汁儿一翻大泡,就"澥"了。豆汁儿摊上备有辣咸菜丝——水疙瘩切细丝浇辣椒油、烧饼、焦圈——类似油条,但做成圆圈,焦脆。卖力气的,走到摊边坐下,要几套烧饼焦圈,来两碗豆汁儿,就一点辣咸菜,就是一顿饭。

豆汁儿摊上的咸菜是不算钱的。有保定老乡坐下,掏出两个馒头,问"豆汁儿多少钱一碗",卖豆汁儿的告诉他,"咸菜呢?"——"咸菜不要钱。"——"那给我来一碟咸菜。"

常喝豆汁儿,会上瘾。北京的穷人喝豆汁儿,有的阔人家也爱喝。梅兰芳家有一个时候,每天下午到外面端一锅豆汁儿,全家大小,一人喝一碗。豆汁儿是什么味儿?这可真没法说。这东西是绿豆发了酵的,有股子酸味。不爱喝的说是像泔水,酸臭。爱喝的说:别的东西不能有这个味儿——酸香!这就跟臭豆腐和起司一样,有人爱,有人不爱。

豆汁儿沉底,干糊糊的,是麻豆腐。羊尾巴油炒麻豆腐,加几个青豆嘴儿(刚出芽的青豆),极香。这家这天炒麻豆腐,煮饭时得多量一碗米——每人的胃口都开了。

美食家(节选)

陆文夫

那时候,苏州有一家出名的面店叫作朱鸿兴,如今还开设在怡园的对面。至于朱鸿兴都有哪许多花式面点,如何美味等等我都不交待了,食谱里都有,算不了稀奇,只想把其中的吃法交待几笔。吃还有什么吃法吗?有的。同样的一碗面,各自都有不同的吃法,美食家对此是颇有研究的。比如说你向朱鸿兴的店堂里一坐:"喂!(那时不叫同志)来一碗××面。"跑堂的稍许一顿,跟着便大声叫喊:"来哉,××面一碗。"那跑堂的为什么要稍许一顿呢,他是在等待你吩咐吃法:硬面,烂面,宽汤,紧汤,拌面;重青(多放蒜叶),免青(不要放蒜叶),重油(多放点油),清淡点(少放油),重面轻浇(面多些,浇头少点),重浇轻面(浇头多,面少点),过桥——浇头不能盖在面碗上,要放在另外的一只盘子里,吃的时候用筷子搛过来,好像是通过一顶石拱桥才跑到你嘴里……如果是朱自冶向朱鸿兴的店堂里一坐,你就会听见那跑堂的喊出连串的切口:"来哉,清炒虾仁一碗,要宽汤,重青,重浇要过桥,硬点!"

一碗面的吃法已经叫人眼花缭乱了,朱自冶却认为这些还不是主要的;最重要的是要吃"头汤面"。千碗面,一锅汤。如果下到一千碗的话,那面汤就糊了,下出来的面就不那么清爽、滑溜,而且有一股面汤气。朱自冶如果吃下一碗有面汤气的面,他会整天精神不振,总觉得有点什么事儿不如意。所以他不能像奥勃洛摩夫那样躺着不起床,必须擦黑起身,匆匆盥洗,赶上朱鸿兴的头汤面。吃的艺术和其他的艺术相同,必须牢牢地把握住时空关系。

朱自冶揉着眼睛出大门的时候,那个拉包月的阿二已经把黄包车拖到了门口。朱自冶大模大样地向车上一坐,头这么一歪,脚这么一踩,叮当一阵铃响,到朱鸿兴去吃头汤面。吃罢以后再坐上阿二的黄包车,到阊门石路去蹲茶楼。

语文实践

我讲拿手菜

【活动内容】

请同学们利用业余时间,熟练制作一道拿手菜肴,能够做到从原料、做法、特点等方面口头讲述制作过程,先以小组为单位同学们互相介绍,最后每组选派优秀代表进行班级交流展示(可配合电子演示文稿)。

【活动目标】

1. 锻炼学生的口语表达能力,提高学生专业知识的表达能力。
2. 梳理学生实践操作的思路,提高学生的专业技能。
3. 增强学生对饮食文化的深层次认识。
4. 培养学生制作电子演示文稿的能力,提升学生的综合素质。

【活动过程】

一、任务驱动,拉开活动

通过一年的专业课学习,同学们不仅增加了专业理论知识,而且增强了专业技能水平,今天让我们充分展示一下自己的能力。

二、明确内容,加强练习

本次实操主要包括荤菜、素菜、面食、汤水四个方面的项目,通过抽签的方式选择本组实操的内容,利用课余时间加强练习。

1. 一组:荤菜组。

荤菜是指有鸡、鸭、鱼、肉等的食物,合理搭配可以解决蛋白质的互补问题,如豆制品、面筋和肉、蛋、禽等动物性蛋白质搭配,能大大提高蛋白质的营养价值。请本组同学每人完成一道拿手荤菜的制作,还要注意营养搭配。

"说菜技巧知多少"微课

2.二组:素菜组。

素菜是菜肴种类之一,指用植物油、蔬菜、豆制品、面筋、竹笋、菌类、藻类和干鲜果品等植物性原料烹制的菜肴。素菜以其食用对象不同分为寺院素菜、宫廷素菜、民间素菜。素菜的特征主要有时鲜为主,清爽素净;花色繁多,制作考究;富含营养,健身疗疾。下面请二组同学选择自己拿手的素菜进行练习,达到熟练操作的程度。

3.三组:面食组。

面食是指主要由面粉制成的食物,世界各地均有不同种类的面食,中国主要有面条、馒头、拉条子、麻花、烧饼、饺子、包子、月饼等,三组同学每人选择一种加工制作。

4.四组:汤水组。

大量的水和各种煮熟蔬菜、肉类及一些其他的佐料经长时间的文火慢炖,从而味道外泄和水混合在一起,便形成了美味的汤。汤是饮食中重要的一部分。请四组同学每人选择一款汤水来练习,达到熟练制作的水平。

三、组内交流,表达体验,评选表现最佳的学生参加班级展示

1.荤菜:宫保鸡丁、糖醋排骨、红烧肉等。

2.素菜:拍黄瓜、拌豆芽、拌菠菜、炖豆腐等。

3.面食:月饼、烧饼、馒头、花卷、饺子等。

4.汤水:酸辣汤、罗宋汤、鸡蛋汤、银耳莲子羹等。

四、选出的学生,将展示要点制成电子演示文稿,参加班级展示

【活动评价】

学生活动评价表

评价项目	评价标准	评价等次			教师总评
讲述内容	讲述内容与操作内容一致、同步	A	B	C	
	内容丰富,重点突出	A	B	C	
语言表达	口齿清楚,表达流畅	A	B	C	
	语速恰当,语气、语调、音量、节奏处理得当	A	B	C	
形象风度	神态自然、大方	A	B	C	
	服装整洁,精神饱满	A	B	C	
组织安排	小组活动组织有效,人人参与	A	B	C	

【活动建议】

一、活动形式

1.将班级成员分为四组,各小组选出一名组长,组长负责整体工作安排,各小组成员自主、合

作、探究,全体参与综合实践活动。

2. 各小组以抽签的形式选出本组需要制作的菜品类型,并利用课余时间加强练习,以便顺利完成相应任务。

二、活动准备

1. 研究各类菜品的制作要点,理解中华美食烹饪的精髓。

2. 收集整理名家的制作方法,并练习其操作要领。

3. 明确本次实践活动的重点,从原料、做法、特点等方面口头讲述菜品的制作过程。将语文学科与专业课结合,能够将所学到的具体的操作步骤及时强化掌握。

三、方法指导

1. 通过此次活动明确各式菜品的制作过程,提倡个性化的烹饪技法。

2. 将职业技能的夯实、职业理想的培养与语文实践活动结合起来,既要充分准备,又要加强沟通协作。

第三节

茶酒风韵

中国是酒的故乡，酒文化源远流长。祖先发明了诸多酿酒的方法，制造出无数的美酒佳酿。中国人不但喜欢酿酒，而且爱好喝酒，甚至喝出了文化。古人认为，饮酒者要有德行，即"酒德"。

中国也是世界上最早发明和利用茶树的国家，在数千年的茶史中，逐渐创造出独具特色的与茶相关的文化——茶道。

"酒德""茶道"是酒文化、茶文化的精髓，也是中华饮食文化的重要组成部分。本部分内容重在学习文人佳作中体现出的茶酒文化，理解中华传统文化的深刻内涵。

主题阅读

湖畔夜饮

丰子恺

前天晚上，四位来西湖游春的朋友，在我的湖畔小屋里饮酒。酒阑人散，皓月①当空。湖水如镜，花影满堤。我送客出门，舍不得这湖上的春月，也向湖畔散步去了。柳荫下一条石凳，空着等我去坐。我就坐了，想起小时在学校里唱的春月歌："春夜有明月，都作欢喜相。每当灯火中，团团清辉上。人月交相庆，花月并生光。有酒不得饮，举杯献高堂。"觉得这歌词温柔敦厚②，可爱得很！又念现在小学生，唱的歌粗浅俚鄙③，没有福分唱这样的好歌，可惜得很！回味那歌的最后两句，觉得我高堂俱亡，虽有美酒，无处可献，又感伤得很！三个"得很"逼得我立起身来，缓步回家。不然，恐怕把老泪掉在湖堤上，要被月魄花灵所笑了。

回进家门，家中人说，我送客出门之后，有一上海客人来访，其人名叫CT④，住在葛岭饭店。家中人告诉他，我在湖畔看月，他就向湖畔去找我了。这是半小时以前的事，此刻时钟已指十时半。我想，CT找我不到，一定已经回旅馆去歇息了。当夜我就不去找他，管自睡觉了。第二天早晨，我到葛岭饭店去找他，他已经出门，茶役正在打扫他的房间。我留了一张名片，请他正午或晚上来我家共饮。正午，他没有来。晚上，他又没有来。料想他这上海人难得到杭州来，一见西湖，就整日寻花问柳，不回旅馆，没有看见我留在旅馆里的名片。我就独酌，照例倾尽一斤。

黄昏八点钟，我正在酣酊⑤之余，CT来了。阔别十年，身经浩劫，他反而胖了，反而年轻了。他说我也还是老样子，不过头发白些。"十年离乱后，长大一相逢。问姓惊初见，称名忆旧容。"这诗句虽好，我们可以不唱。略略几句寒暄之后，我问他吃夜饭没有。他说，他是在湖滨吃了夜饭，——也饮一斤酒，——不回旅馆，一直来看我的。我留在他旅馆里的名片，他根本没有看到。

我肚里的一斤酒,在这位青年时代共我在上海豪饮的老朋友面前,立刻消解得干干净净、清清醒醒。我说:"我们再吃酒!"他说:"好,不要什么菜蔬。"窗外有些微雨,月色朦胧。西湖不像昨夜的开颜发艳,却有另一种轻颦浅笑⑥,温润静穆的姿态。昨夜宜于到湖边步月,今夜宜于在灯前和老友共饮。"夜雨剪春韭",多么动人的诗句!可惜我没有家园,不曾种韭。即使我有园种韭,这晚上也不想去剪来和CT下酒。因为实际的韭菜,远不及诗中的韭菜好吃。照诗句实行,是多么愚笨的事呀!

女仆端了一壶酒和四只盆子出来,酱鸭、酱肉、皮蛋和花生米,放在收音机旁的方桌上。我和CT就对坐饮酒。收音机上面的墙上,正好贴着一首我写的数学家苏步青的诗:"草草杯盘共一欢,莫因柴米话辛酸。春风已绿门前草,且耐余寒放眼看。"有了这诗,酒味特别的好。我觉得世间最好的酒肴,莫如诗句。而数学家的诗句,滋味尤为纯正。因为我又觉得,别的事都可有专家,而诗不可有专家。因为做诗就是做人。人做得好的,诗也做得好。倘说做诗有专家,非专家不能做诗,就好比说做人有专家,非专家不能做人,岂不可笑?因此,有些"专家"的诗,我不爱读。因为他们往往爱用古典,蹈袭传统;咬文嚼字⑦,卖弄玄虚;扭扭捏捏,装腔作势⑧;甚至神经过敏,出神见鬼。而非专家的诗,倒是直直落落、明明白白、天真自然、纯正朴茂,可爱得很。樽前有了苏步青的诗,桌上酱鸭、酱肉、皮蛋和花生米,味同嚼蜡⑨;唾弃不足惜了!

我和CT共饮,另外还有一种美味的酒肴!就是话旧。阔别十年,身经浩劫。他沦陷在孤岛上,我奔走于万山中。可惊可喜、可歌可泣的话,越谈越多。谈到酒酣耳热的时候,话声都变了呼号叫啸,把睡在隔壁房间里的人都惊醒。谈到二十余年前他在宝山路商务印书馆当编辑,我在江湾立达学园教课时的事,他要看看我的子女阿宝、软软和瞻瞻——《子恺漫画》里的三个主角,幼时他都见过的。瞻瞻现在叫做丰华瞻,正在北平北大研究院,我叫不到;阿宝和软软现在叫丰陈宝和丰宁馨,已经大学毕业而在中学教课了,此刻正在厢房里和她们的弟妹们练习平剧!我就喊她们来"参见"。CT用手在桌子旁边的地上比比,说:"我在江湾看见你们时,只有这么高。"她们笑了,我们也笑了。这种笑的滋味,半甜半苦,半喜半悲。所谓"人生的滋味",在这里可以浓烈地尝到。CT叫阿宝"大小姐",叫软软"三小姐"。我说:《花生米不满足》《瞻瞻新官人,软软新娘子,宝姐姐做媒人》《阿宝两只脚,凳子四只脚》等画,都是你从我的墙壁上揭去,制了锌板在《文学周报》上发表的。你这老前辈对他们小孩子又有什么客气?依旧叫'阿宝''软软'好了。"大家都笑。人生的滋味,在这里又浓烈地尝到了。我们就默默地干了两杯。我见CT的豪饮,不减二十余年前。我回忆起了二十余年前的一件旧事。有一天,我在日升楼前,遇见CT。他拉住我的手说:"子恺,我们吃西菜去。"我说:"好的。"他就同我向西走,走到新世纪对面的晋隆西菜馆楼上,点了两客公司菜,外加一瓶白兰地。吃完之后,仆欧送账单来。CT对我说:"你身上有钱吗?"我说"有!"摸出一张五元钞票来,把账付了。于是一同下楼,各自回家——他回到闸北,我回到江湾。过了一天,CT到江湾来看我,摸出一张拾元钞票来,说:"前天要你付账,今天我还你。"我惊奇而又发笑,说:"账回过算了,何必还我?更何必加倍还我呢?"我定要把拾元钞票塞进他的西装袋里去,他定要拒绝。坐在旁边的立达同事刘薰宇,就过来抢了这张钞票去,说:"不要客气,拿到新江湾小店里去吃酒吧!"大家赞成。于是号召了七八个人,夏丏尊先生、匡互生、方光焘都在内,到新江湾的小酒店里去吃酒。吃完这张拾元钞票时,大家都已烂醉了。此情此景,恍然⑩在目。如今夏先生和匡互生均已作古,刘薰宇远在贵阳,方光焘不知又在何处。只有CT仍旧在这里和我共饮。这岂非人世难得之事！我们又浮两大白。

夜阑饮散，春雨绵绵。我留CT宿在我家，他一定要回旅馆。我给他一把伞，看他的高大身子在湖畔柳阴下的细雨中渐渐地消失了。我想："他明天不要拿两把伞来还我！"

【注释说明】

一、注释

①皓(hào)月：洁白、明亮的月亮。

②敦厚：脾气温和，性情憨厚、忠厚。

③俚(lǐ)鄙：粗俗，不文雅。

④CT：文中指郑振铎。

⑤酩酊：醉得迷迷糊糊的。

⑥轻颦浅笑：微微地皱眉，淡淡的微笑。

⑦咬文嚼字：指过分地斟酌字句。

⑧装腔作势：故意装出一种腔调，做出一种姿势，用来比喻故意做作。

⑨味同嚼蜡：读书或文章、听人说话像吃蜡一样，没有一点儿味。形容语言或文章枯燥无味。

⑩恍然：形容醒悟的样子。

二、说明

（一）丰子恺

丰子恺（1898—1975），曾名润，又名仁，浙江桐乡人。师从李叔同，以中西融合画法创作漫画以及散文而著名。中国画家、文学家、美术和音乐教育家，是一位多方面卓有成就的文艺大师。

曾任中国美术家协会上海分会主席、上海中国画院院长等职。

丰子恺风格独特的漫画作品影响很大，深受人们的喜爱。他的作品内涵深刻，耐人寻味。丰子恺是中国新文化运动的启蒙者之一，早在二十世纪二十年代他就出版了《艺术概论》《西洋名画巡礼》等著作。他一生出版的著作达一百八十多部。在十年动乱期间，遭受迫害，因而积郁成病，于1975年逝世，享年七十七岁。

（二）郑振铎

郑振铎（1898-1958），生于浙江温州，原籍福建长乐。我国现代杰出的爱国主义者和社会活动家，又是著名诗人、学者、文学评论家、文学史家、翻译家、艺术史家，也是国内外闻名的收藏家、训诂家。

代表作品有专著《文学大纲》《俄国文学史略》《中国文学论集》《中国俗文学史》等及译著《沙宁》《血痕》《灰色马》《飞鸟集》《新月集》等。多篇文章入选中小学课本。

【赏析指导】

本文是中国现代散文家丰子恺的一篇散文名篇，写作背景是国共内战结束前夕，不少进步的文艺工作者遭到国民党的迫害。作者与郑振铎先生分别十年后于西湖再见,惊喜、感慨、愤凉之情溢于言表,两位老友叙旧的方式就是饮酒,而且是就着诗饮酒,同时也回忆了二十余年前的旧事,表现了作者与郑振铎先生之间真挚的友情。

本文语气舒缓,情感真挚,语言精致,幽默机警,风趣深沉。

【读写探究】

一、给下列加点的字注音

皓月（   ）　　敦厚（   ）　　俚鄙（   ）　　酩酊（   ）（   ）　　轻颦（   ）

恍然（   ）

二、解释下面的词语

1. 咬文嚼字

2. 装腔作势

3. 味同嚼蜡

4. 轻颦浅笑

5. 敦厚

6. 酩酊大醉

三、文中提到的"最好的酒肴"和"美味的酒肴"分别指的是什么？结合文章写作背景分析为什么？

四、文章倒数第二段写作者回忆二十余年前的"一件小事"与文章主题是否有关系？能否删去？

扫码看答案

【知识拓展】

一、散文小品

散文是一种内容丰富、取材广泛、篇幅短小、题材多样、形式灵活、文情并茂的文体。

散文小品是散文品种之一，"小品"一词在中国始于晋代，统称那些书写自由、篇幅简短的杂记随笔。其内容经常是在生活中，作者经过思考并想传达给读者的信息，题材不限，所传达的道理或想法也没有限制。"小品文"又称作"小品散文"或"散文小品"，它短小灵活，简练隽永，具有议论、抒情、叙事的多重功能，偏重于即兴书写零碎的感想、片段的见闻和点滴的体会，是一种轻便自由的文学形式。

二、酒文化

中国是酒的故乡，酒文化源远流长。在中华民族悠久的历史长河中，我们的祖先发明了诸多酿酒的方法，制造出了无数美酒佳酿。中国人民不但喜欢酿酒，而且爱好喝酒，甚至喝出了酒文化。

自古至今，人们一直认为饮酒者要有德行，即酒德。最早见于《尚书》和《诗经》书中记载"饮惟祀""无彝酒""执群饮""禁沉湎"，孔子提出"饮酒应当以不醉为度"，古代的"君子"对饮酒的态度是"酒以成礼，不继以淫，义也"，也就是说，喝酒是一种成人礼节，但是饮酒不能过量。为了引导人们崇尚酒德，古人还专门制定"酒礼"。

随着酒文化的发展，逐渐形成饮酒礼节，主人和宾客一起饮酒时，要相互跪拜。晚辈在长辈面前饮酒，叫侍饮，通常要先行跪拜礼，然后坐入次席。长辈命晚辈饮酒，晚辈才可举杯。长辈酒杯中的酒尚未饮完，晚辈也不能先饮尽。

古代饮酒的礼仪有四步：拜、祭、啐、卒爵。就是先做出拜的动作，表示敬意，接着将酒倒出一点在地上，祭谢大地生养之德；然后尝尝酒味，并加以赞扬，令主人高兴；最后仰杯而尽。

三、茶文化

我国是世界上最早发现和利用茶树的国家，在数千年的茶史中，逐渐产生了一些颇具影响的名茶，逐渐创造出独具特色的与茶相关的文化——茶道。人们通过泡茶、赏茶、饮茶，增进友谊、美化心灵、学习礼法、修养德行。茶道在千年的发展中形成了自己内在的精神追求，我国的茶道精神可以概括为四个字，即"和""静""怡""真"。

"和"主要指人和人之间和睦，人与环境、人与器具和谐，物和物间的协调。与人和、与物和、与天和、与地和、与自我和,从而达到"物我无二、天人合一"的境界。

"静"是指环境的幽静、茶事过程中的安静、茶人的心静。环境之静是茶道的外在之要求,然而,通过茶道活动先求身静而后求得内心的宁静,最后达到心灵的净化与提升则是茶道的精神追求。

"怡"是和悦、愉快的意思,它是中国茶道修习实践中茶人的心灵感受。参与茶道,可抚琴歌舞,可吟诗作画,可观月赏花,可论经对弈,可独对山水,亦可置酒助兴。品茶不仅带来无限的情趣,而且宁静的氛围能让茶人摆脱尘世烦恼。

"真"是中国茶道的起点,也是中国茶道的终极追求。中国茶道在从事茶事时讲究"真",要求茶应是真茶、真香、真味,泡茶的水是真水,用的器具最好是真竹、真木、真陶、真瓷,环境最好是真山真水。对人要真心,敬客要真情,说话要真诚,心境要真闲。

【延伸阅读】

寻 常 茶 话

汪曾祺

我对茶实在是个外行。茶是喝的,而且喝得很勤,一天换三次叶子。每天起来第一件事,便是坐水,沏茶。但是毫不讲究。对茶叶不挑剔。青茶、绿茶、花茶、红茶、沱茶、乌龙茶,但有便喝。茶叶多是别人送的,喝完了一筒,再开一筒。喝完了碧螺春,第二天就可以喝蟹爪水仙。但是不论什么茶,总得是好一点的。太次的茶叶,便只好留着煮茶叶蛋。《北京人》里的江泰认为喝茶只是"止渴生津利小便",我以为还有一种功能,是提神。《陶庵梦忆》记闵老子茶,说得神乎其神。我则有点像董日铸,以为"浓、热、满三字尽茶理"。我不喜欢喝太烫的茶,沏茶也不爱满杯。我的家乡论为客人斟茶斟酒:"酒要满,茶要浅。"茶斟得太满是对客人不敬,甚至是骂人。于是就只剩下一个字:浓。我喝茶是喝得很酽的。曾在机关开会,有女同志尝了我的一口茶,说是"跟药一样"。

我读小学五年级那年暑期,我的祖父不知怎么忽然高了兴,要教我读书。"穿堂"的右侧有两间空屋。里间是佛堂,挂了一幅丁云鹏画的佛像,佛的袈裟是朱红的。佛像下,是一尊乌斯藏铜佛。我的祖母每天早晚来烧一炷香。外间本是个贮藏室,房梁上挂着干菜,干的棕叶,靠墙有一坛"臭卤",面筋、百叶、笋头、苋菜秸都放在里面臭。临窗设一方桌,便是我的书桌。祖父每天早晨来讲《论语》一章,剩下的时间由我自己写大小字各一张。大字写《圭峰碑》,小字写《闲邪公家传》,都是祖父从他的藏帖里拿来给我的。隔日作文一篇,还不是正式的八股,是一种叫作"义"的文体,只是解释《论语》的内容。题目是祖父出的。我共做了多少篇"义",已经不记得了。只记得有一题是"孟子反不伐义"。

祖父生活俭省,喝茶却颇考究。他是喝龙井的,泡在一个深栗色的扁肚子的宜兴砂壶里,用一个细瓷小杯倒出来喝。他喝茶喝得很酽,一次要放多半壶茶叶。喝得很慢,喝一口,还得回味一下。

他看看我的字、我的"义";有时会另拿一个杯子,让我喝一杯他的茶。真香。从此我知道龙井好喝,我的喝茶浓酽,跟小时候的熏陶也有点关系。

后来我到了外面,有时喝到龙井茶,会想起我的祖父,想起孟子反。

我的家乡有"喝早茶"的习惯,或者叫作"上茶馆"。上茶馆其实是吃点心,包子、蒸饺、烧麦、千层糕……茶自然是要喝的。在点心未端来之前,先上一碗干丝。我们那里原先没有煮干丝,只有烫干丝。干丝在一个敞口的碗里堆成塔状,临吃,堂倌把装在一个茶杯里的作料——酱油、醋、麻油浇入。喝热茶,吃干丝,一绝!

抗日战争时期,我在昆明住了七年,几乎天天泡茶馆。"泡茶馆"是西南联大学生特有的说法。本地人叫作"坐茶馆","坐",本有消磨时间的意思,"泡"则更胜一筹。这是从北京带过去的一个字,"泡"者,长时间地沉溺其中也,与"穷泡""泡蘑菇"的"泡"是同一语源。联大学生在茶馆里往往一泡就是半天。干什么的都有。聊天、看书、写文章。有一位教授在茶馆里读梵文。有一位研究生,可称泡茶馆的冠军。此人姓陆,是一怪人。他曾经徒步旅行了半个中国,读书甚多,而无所著述,不爱说话。他简直是"长"在茶馆里。上午、下午、晚上,要一杯茶,独自坐着看书。他连漱洗用具都放在一家茶馆里,一起来就到茶馆里洗脸刷牙。听说他后来流落在四川,穷困潦倒而死,悲夫!

昆明茶馆里卖的都是青茶,茶叶不分等次,泡在盖碗里。文林街后来开了一家"摩登"茶馆,用玻璃杯卖绿茶、红花——滇红、滇绿。滇绿色如生青豆,滇红色似"中国红"葡萄酒,茶味都很厚。滇红尤其经泡,三开之后,还有茶色。我觉得滇红比祁(门)红、英(德)红都好,这也许是我的偏见。当然比斯里兰卡的"利普顿"要差一些——有人喝不来"利普顿",说是味道很怪。人之好恶,不能勉强。

我在昆明喝过烤茶。把茶叶放在粗陶的烤茶罐里,放在炭火上烤得半焦,倾入滚水,茶香扑人。几年前在大理街头看到有烤茶罐卖,犹豫一下,没有买。买了,放在煤气灶上烤,也不会有那样的味道。

1946年冬,开明书店在绿杨村请客。饭后,我们到巴金先生家喝功夫茶。几个人围着浅黄色的老式圆桌,看陈蕴珍(萧珊)"表演":濯器、炽炭、注水、淋壶、筛茶。每人喝了三小杯。我第一次喝功夫茶,印象深刻。这茶太酽了,只能喝三小杯。在座的除巴先生夫妇,还有靳以、黄裳。一转眼,43年了。靳以、萧珊都不在了。巴老衰病,大概没有喝一次功夫茶的兴致了。那套紫砂茶具大概也不在了。

我在杭州喝过一杯好茶。

1947年春,我和几个在一个中学教书的同事到杭州去玩。除了"西湖景",使我难忘的有两样方物,一是醋鱼带把。所谓"带把",是把活草鱼的脊肉剔下来,快刀切为薄片,其薄如纸,浇上好秋油,生吃。鱼肉发甜,鲜脆无比。我想这就是中国古代的"切脍"。一是在虎跑喝的一杯龙井。真正的狮峰龙井雨前新芽,每蕾皆一旗一枪,泡在玻璃杯里,茶叶皆直立不倒,载浮载沉,茶色颇淡,但入口香浓,直透脏腑,真是好茶!只是太贵了。一杯茶,一块大洋,比吃一顿饭还贵。狮峰茶名不虚传,但不得虎跑水不可能有这样的味道。我自此方知道,喝茶,水是至关重要的。

我喝过的好水有昆明的黑龙潭泉水。骑马到黑龙潭,疾驰之后,下马到茶馆里喝一杯泉水泡的茶,真是过瘾。泉就在茶馆檐外地面,一个正方的小池子,看得见泉水咕嘟咕嘟往上冒。井冈山的水也很好,水清而滑。有的水是"滑"的,"温泉水滑洗凝脂"并非虚语。井冈山水洗被单,越洗越白;以泡"狗古脑"茶,色味俱发,不知道水里含了什么物质。天下第一泉、第二泉的水,我没有喝出什么道理。济南号称泉城,但泉水只能供观赏,以泡茶,不觉得有什么特点。

有些地方的水真不好。比如盐城。盐城真是"盐城",水是咸的。中产以上人家都吃"天落水"。下雨天,在天井上方张了布幕,以接雨水,存在缸里,备烹茶用。最不好吃的水是菏泽,菏泽牡丹甲天下,因为菏泽土中含碱,牡丹喜碱性土。我们到菏泽看牡丹,牡丹极好,但茶没法喝。不论是青茶、绿茶,沏出来一会儿就变成红茶了,颜色深如酱油,入口咸涩。由菏泽往梁山,住进招待所后,第一件事便是赶紧用不带碱味的甜水沏一杯茶。

老北京早起都要喝茶,得把茶喝"通"了,这一天才舒服。无论贫富,皆如此。1948年我在午门历史博物馆工作。馆里有几位看守员,岁数都很大了。他们上班后,都是先把带来的窝头片在炉盘上烤上,然后轮流用水氽坐水沏茶。茶喝足了,才到午门城楼的展览室里去坐着。他们喝的都是花茶。

北京人爱喝花茶,以为只有花茶才算是茶(北京很多人把茉莉花叫作"茶叶花")。我不太喜欢花茶,但好的花茶例外,比如老舍先生家的花茶。

老舍先生一天离不开茶。他到莫斯科开会,苏联人知道中国人爱喝茶,倒是特意给他预备了一个热水壶。可是,他刚沏了一杯茶,还没喝几口,一转脸,服务员就给倒了。老舍先生很愤慨地说:"他妈的!他不知道中国人喝茶是一天喝到晚的!"一天喝茶喝到晚,也许只是中国人如此。外国人喝茶都是论"顿"的,难怪那位服务员看到多半杯茶放在那里,以为老先生已经喝完了,不要了。

龚定庵以为碧螺春天下第一。我曾在苏州东山的"雕花楼"喝过一次新采的碧螺春。"雕花楼"原是一个华侨富商的住宅,楼是进口的硬木造的,到处都雕了花,八仙庆寿、福禄寿三星、龙、凤、牡丹……真是集恶俗之大成。但碧螺春真是好。不过茶是泡在大碗里的,我觉得这有点煞风景。后来问陆文夫,文夫说碧螺春就是讲究用大碗喝的。茶极细,器极粗,亦怪!

我还在湖南桃源喝过一次擂茶。茶叶、老姜、芝麻、米,加盐放在一个擂钵里,用硬木的擂棒"擂"成细末,用开水冲开,便是擂茶。

茶可入馔,制为食品。杭州有龙井虾仁,想不恶。裘盛戎曾用龙井茶包饺子,可谓别出心裁。日本有茶粥。《俳人的食物》说俳人小聚,食物极简单,但"惟茶粥一品,万不可少"。茶粥是啥样的呢?我曾用粗茶叶煎汁,加大米熬粥,自以为这便是"茶粥"了。有一阵子,我每天早起喝我所发明的茶粥,自以为很好喝。四川的樟茶鸭子乃以柏树枝、樟树叶及茶叶为熏料,吃起来有茶香而无茶味。曾吃过一块龙井茶心的巧克力,这简直是恶作剧!用上海人的话说:巧克力与龙井茶实在完全"弗搭界"。

壶中日月长（节选）

陆文夫

我小时候便能饮酒，所谓小时候大概是十二三岁，这事恐怕也是环境造成的。

我的故乡是江苏省的泰兴县，解放之前，故乡算得上是个酒乡。泰兴盛产猪和酒，名闻长江下游。杜康酿酒其意在酒，故乡的农民酿酒，意不在酒而在猪。此意虽欠高雅，却也十分重大。酒糟是上好的发酵饲料，可以养猪，养猪可以聚肥，肥多粮多，可望丰收。粮——猪——肥——粮，形成一种良性循环，循环之中又分离出令人陶醉的酒。

在故乡，在种旱谷的地方，每个村庄上都有一二酒坊。这种酒坊不是常年生产，而是一年一次。冬天是淌酒的季节，平日冷落破败的酒坊便热闹起来，火光熊熊，烟雾缭绕，热气腾腾，成为人们的聚会之处，成了孩子们的乐园。大人们可以大模大样地品酒，孩子们没有资格，便捧着小手到淌酒口偷饮几许。那酒称为原泡，微温、醇和，孩子醉倒在酒缸边上的事儿常有。我当然也是其中的一个，只是没有醉倒过。

孩子们还偷酒喝，大人们嗜酒那就更不待说。凡有婚丧喜庆，便要开怀畅饮，文雅一点的用酒杯，一般的农家都用饭碗。酒坛子放在桌子的边上，内中插着一个竹制的长柄酒端。

十二三岁的时候，我的一位表姐结婚，三朝回门，娘家制酒会新亲。这是个闹酒的机会，娘家和婆家都要在亲戚中派几位酒鬼出席，千方百计地要把对方灌醉，那阵势就像民间的武术比赛。我有幸躬逢盛宴，目睹这一场比赛进行得如火如荼，目看娘家人纷纷败下阵来时，便按捺不住，跳将出来，与对方的酒鬼连干了三大杯，居然面不改色，熬到终席。下席以后，虽然酣睡了三小时，但这并不为败，更不为丑，乡间的人只反对武醉，不反对文醉。所谓武醉，便是喝了酒以后骂人、打架、摔物件、打老婆；所谓文醉便是睡觉，不管你是睡在草堆旁、河坎边抑或是睡在灰堆上，闹成个大花脸。我能和酒鬼较量，而且是文醉，因而便成为美谈：某某人家的儿子是会喝酒的。

我的父亲不禁止我喝酒，但也不赞成我喝酒，他教导我说，一个人要想在社会上做点事情，须有四戒：戒烟（鸦片烟）、戒赌、戒嫖、戒酒。四者沾其一，定无出息。我小时候总想有点出息，所以再也不喝酒了。参加工作以后逢场作戏，偶尔也喝它几斤黄酒，但平时是绝不喝酒的。

不期到了29岁，又躬逢反右派斗争，批判、检查，惶惶不可终日。我不知道与世长辞是个什么味道，却深深体会世界离我而去是个什么滋味。1957年的国庆节不能回家，大街上充满了节日的气氛，斗室里却死一般的沉寂，一时间百感交集，算啦，反正也没有什么出息了，不如买点酒来喝喝吧。从此便一发不可收拾……

小时候喝酒是闹着玩儿的，这时候喝酒却应了古语，是为了浇愁。借酒浇愁愁更愁，这话也不尽然，要不然，那又何必去浇它呢？借酒浇愁愁将息，痛饮小醉，泪两行，长叹息，昏昏然，茫茫然，往事如烟，飘忽不定，若隐若现，世间事人负我，我负人，何必何必！这时间三杯两盏64°，却也能敌那晚来风急。设若与二三知己对饮，酒入愁肠便顿生豪情，口出狂言，倒霉的事都忘了，检讨过的事也不认账了："我错呀，那时候……"剩下的都是正确的，受骗的，不得已的。略有几分酒意之后，倒霉的事情索性不提了，最倒霉的人也有最得意的时候，包括长得帅、跑得快、会写文章、能饮五斤黄酒之类。喝得糊里糊涂的时候便竞相比赛狂言了，似乎每个人都能干出一番伟大的事业。不过，这时候得注意有不糊涂的人在座，在邻座，在门外的天井里，否则，到了下一次揭发批判时，这杯苦酒你吃不了也得兜着走。

　　一个人也没有那么多的愁要解，问君能有几多愁，恰似一江春水向东流。愁多得恰似一江春水，那也就见愁不愁，任其自流了。饮酒到了第二阶段，我是为了解乏的。1958年大跃进，我下放在一爿机床厂里做车工，连着几个月打夜班，动辄三天两夜不睡觉，那时候也顾不上什么愁了，最高的要求是睡觉。特别是冬天，到了曙色萌动之际，浑身虚脱，像浸在水里，那车床在自行，个把小时之内用不着动手，人站着，眼皮上像坠着石头，脚下的土地在往下沉，沉……突然一下，惊醒过来，然后再沉，沉……我的天啊，这时候我才知道，什么叫瞌睡如山倒，此时如果有高喊八级地震来了！我的第一反应便是：你别嚷嚷，让我睡一会。

　　别叫苦，酒来了！乘午夜吃夜餐的时候，我买一瓶二两五的粮食白酒藏在口袋里，躲在食堂的角落里喝。夜餐是一碗面条，没有菜，吃一口面条喝一口酒；有时候，为了加快速度，不引人注意，便把酒倒在面条里，呼呼啦，把吃喝混为一体。这时候倒不大同情孔乙己了，反生了些许羡慕之意。那位老前辈虽然被人家打断了腿，却也能在柜台前慢慢地饮酒，还有一碟"多乎哉不多也"的茴香豆。

　　喝了酒以后再进车间，便添了几分精神，而且浑身暖和，虽然有点晕晕乎乎，但此种晕乎是酒意而非睡意，眼睛有点蒙眬，但是眼皮上没有系石头，耳朵特别尖灵，听得出车床的异响，听得出走刀行到哪里。二两五白酒能熬过漫漫长夜，迎来晨光曦微。苏州人称二两五一瓶的白酒叫小炮仗，多谢小炮仗，轰然一响，才使我没有倒在车床的边上。

　　酒能驱眠，也能催眠，这叫化进化出，看你用在何时何地，每个能饮的人都能无师自通，灵活运用。1964年我又入了另册，到南京附近的江陵县李家生产队去劳动，那次劳动是货真价实，见天便挑河泥，七八十斤的担子压在肩上，爬河坎，走田埂歪歪斜斜，摇摇欲坠，每一趟都觉得再也跑不到头了，一定会倒下了，结果却又死背活缠地到了泥塘边。有时还想背几句诗词来代替那单调的号子，增加点精神刺激。可惜什么诗句都没有描绘过此种情景，只有一个词牌比较相近，《如梦令》，因为此时已经神体分离，像患了梦游症似的。晚饭以后应该早早上床了吧，不行，挑担子只能劳其筋骨，却不动脑筋，停下来以后虽然浑身疲痛，头脑却十分清醒，爬上床去会辗转反侧，百感丛生。这时候需要用酒来化进。乘天色昏暗，到小镇上去敲开店门，妙哉！居然还有兔肉可买。那时间正在"四清"，实行"三同"，不许吃肉。随它去吧，暂且向鲁智深学习，花和尚也是革命的。急买白酒半斤，兔肉四两，酒瓶握在手里，兔肉放在口袋里，匆匆忙忙地向回赶，必须在不到二里的行程中把酒喝完，把肉啖尽。好在天色已经大黑，路无行人，远远的村庄上传来狗吠三声两声。仰头，引颈，竖瓶，见满天星斗，时有流星；低头啖肉看路，闻草虫唧唧，或有蛙声。虽无明月可邀，却有天地作陪，万幸，万幸。我算得十分精确，到了村口的小河边，正好酒空肉尽，然后把空酒瓶灌满水，沉入河底，不留蛛丝马迹。这下子可以入化了，梦里不知身是客，一夜沉睡到天明。

　　饮酒到了第三阶段，便会产生混合效应，全方位，多功能：解忧，助兴，驱眠，催眠，解乏，无所不在,无所不能。今日天气大好,久雨放晴,草塘水满,彩蝶纷纷,如此良辰美景,岂能无酒? 今日阴云四合,风急雨冷,夜来独伴孤灯,无酒难到天明。有朋自远方来,喜出望外,痛饮;无人登门,孑然一身,该饮;今日家中菜好,无酒枉对佳肴;今日无啥可吃,菜不够,酒来凑,君子在酒不在菜也……呜呼,此时饮酒实际上已经不是为了什么,就是为了饮酒。十年动乱期间,全家下放到黄海之滨,现在想起来,一切艰难困苦都已经淡泊了,留下的却是有关饮酒的回忆。那是个荒诞的时代,喝酒的年头,成千的干部下放在一个县里,造茅屋,种自留地,养老母鸡,天高皇帝远,无人收管。突然之间涌现出大批酒徒,连最规正、最严谨、烟酒不入的铁甲卫士也在小酒店里喝得面红耳赤,扬长过市。我想,他们正在走着我曾经走过的路:"算啦,不如买点酒来喝喝吧。"路途虽有不同,心情却大体相似。我混在如此之多的故交新知之中,简直是如鱼得水。以前饮酒不敢张扬,被认为是一种堕落不轨的行为,此时饮酒则为豪放豁达,快乐的游戏。三五酒友相约,今日到我家,明日到他家,不畏道路崎岖,拎着自行车可以从独木桥上走过去;不怕大河拦阻,脱下衣服顶在头上泅向彼岸。喝醉了,倒在黄沙公路上,仰天而卧,路人围观,居然想出诗句来了:"醉卧沙场君莫笑,古来征战几人回!"那时最大的遗憾是买不到酒,特别是好酒,为买酒曾经和店家吵过架,曾经挤掉了棉袄上的三粒纽扣。有粮食白酒已经不错了,常喝的是那种地瓜干酿造的劣酒,俗名大头昏,一喝头就昏。偶尔喝到一瓶优质双沟,以玉液琼浆视之,半斤下肚,神采飞扬,头不昏,脚不浮,口不渴,杜康酿的酒谁也没有喝过,大概也和双沟差不多。

喝不下去了! 樽中有美酒,壶中无日月,时限快到了。从1957年喝到1987年,从29岁喝到59岁,整整30年的岁月从壶中漏掉了,酒量和年龄是成反比的,二两五白酒下肚,那嘴巴和脚步便有点守不住。特别是到老朋友家去小酌,临出门时家人千叮万嘱,好像我要去赴汤蹈火。连四岁的小外孙女也站在门口牙牙学语:"爷爷你早点回来,少喝点老酒。""爷爷知道,少喝,一定少喝。"无奈两杯下肚,豪情复发:"咄,这点儿酒算得了什么,想当年……"当年可想而不可返,豪情依然在,体力不能支,结果是跟跟跄跄地摇回来,不知昨夜身置何处。最伤心的是常有讣告飞来:某某老酒友前日痛饮,昨夜溘然仙逝。不是死于心脏病,便是死于脑溢血,祸起于酒。此种前车之鉴近三年来每年都有一两次。四周险象丛生,在家庭中造成一种恐怖气氛,看见我喝酒就像看见我喝敌敌畏差不多。儿女情长,英雄气短,酒可解忧,到头来却又造成了忧愁,人间事总要向反方向逆转。医生向我出示黄牌了:"你要命还是要酒?""我……"我想,不要命不行,还有小说没有写完;不要酒也不行,活着也少了点情趣,答曰:"我要命也要酒。""不行,鱼和熊掌不可得兼,二者必须取其一。""且慢,这样吧,我们来点儿中庸之道。酒,少喝点;命,少要点。如果能活八十岁的话,七十五就行了,那五年反正也写不了小说,不如拿来换酒喝。"医生笑了:"果真如此,或可两全,从今以后白酒不得超过一两五,黄酒不得超过三两,啤酒算做饮料,但也不能把这一瓶都喝下去。"我立即举手赞成,多谢医生关照。

第三天碰到一位多年不见的酒友,却又喝得昏昏糊糊,记不清喝了多少,大……大概是超过了一两五。

语文实践

我秀家乡味

【活动内容】

请同学们利用业余时间,通过各种渠道、手段了解自己家乡的美食,从原料、做法、特点等方面详细说明,撰写一篇介绍家乡美食(或者拿手美食)的文章,先以小组为单位向同学们介绍,最后每组选派优秀代表进行班级交流展示。

【活动目标】

1. 引导学生归纳各地的特色美食,调动学生学习烹饪的兴趣,提高学生学习语文的积极性。
2. 学生能够有条理地说出烹饪课中学过的各道菜肴的原料、制作过程、各自的风味特点。
3. 学生能够准确、有条理地将口头练习形成书面文字。
4. 学生正确认识中华烹饪文化,把握中华饮食文化的精髓。

【活动过程】

"如何秀好家乡味"微课

一、活动导入,引出任务

中国饮食文化博大精深,有数千年的文化积淀,是中华古老文明的重要组成部分,全国各地的独特食风、特色美食、岁时食俗礼仪共同组成了多姿多彩的饮食文化。通过一年的学习,我们已经对中国饮食习俗有了一定的了解,今天让我们一起来说一说、写一写自己家乡的饮食特色。

二、学习方法,构思成文

(一)教师指导写作方法

要写好一篇科学小品文应该注意以下几个方面:要抓住说明对象的特征;要合理地安排说明顺序;要采用恰当的说明方法;语言要准确、简洁、通俗。

要做到生动形象地说明,可以从以下几个方面入手:穿插传说、趣事;运用描写;运用比喻、拟人等修辞方法。

(二)学生构思成文

学生自己构思小品文的思路与结构,并写出文章。

三、组内交流，评选最佳

1. 按地域将学生分成四组，以组为单位说说自己家乡的美食特色（结合提前写好的文章）。

(1) 一组：鲁菜组（成员以山东、京津唐及东北三省的学生为主）。

(2) 二组：川菜组（成员以四川地区为主，以成都、重庆菜肴为代表）。

(3) 三组：湘菜组（成员以湖南地区为主，以长沙、衡阳、湘潭三地的菜为主要代表）。

(4) 四组：其他组（除以上几个城市之外的地区，以粤菜、苏菜、浙菜、闽菜、徽菜为代表）。

2. 评选出每组写得最好的作品，根据修改策略，进行集体修改，修改后将文章誊写清楚。文章修改的策略如下表。

步骤	内容	要 求
1	读	文章写完后至少读两遍，先朗读，看语句是否通顺。再默读，体会文章的立意、选材、结构、语言各方面的"滋味"
2	删	删去多余的字、词、句、段落。主要包括：与主题无关的闲文，应删；空洞的议论，应删；重复、字句啰嗦的内容，应删
3	增	突出、深化主题的要增；内容单薄，应适当扩展；需要具体的地方写得不具体，可增
4	改	使用不恰当的字、词、病句，要通过改换使之更合理、更准确、更有力
5	调	调整词语、句子，使语言通顺、表意准确

四、集中展示，交流成果

使用实物投影，将评选出的优秀作品进行展示，达到交流学习的目的。

【活动评价】

学生活动评价表

评价项目	评价标准	评价等次			自我评价	小组评价	教师总评
写作内容	内容具体，有地方特色	A	B	C			
	语句通顺，语言表达准确	A	B	C			
	结构完整，衔接紧凑	A	B	C			
	书写规范，无错别字	A	B	C			
语言表达	口齿清晰，表达流畅	A	B	C			
	语速、语调、音量处理得当	A	B	C			
仪表风范	仪态端庄，神态自然大方	A	B	C			
	精神饱满，有肢体表现力	A	B	C			
创新思维	有独特的观察视角	A	B	C			
	表现手法灵活多样，地方特色突出	A	B	C			
小组合作	小组交流，人人参与	A	B	C			
	评选出的较好的文章进行集体修改	A	B	C			

【活动建议】

一、活动形式

1.将班级成员分为四组,各组选出一名组长,组长负责整体工作安排,各组成员共同策划,全体参与本次实践活动。

2.根据学生写作的情况,各组评选出一份优秀作品,并且全组共同修改,最后参加班级交流。一定要利用课余时间加强练习,以便顺利完成任务。

二、活动准备

1.调查研究,收集整理自己家乡的饮食特色,理解中华美食的丰富内涵。

2.了解什么是小品文,理解小品文的特点,学习小品文的写作方法。

3.明确本次实践活动的重点:能够通过口头表达和书面表达两种方式来展现专业课学习成果。将语文学科与专业课结合,达到双提高的目的。

三、方法指导

1.通过此次活动了解各地饮食特色,提倡个性化的口语表达和书面表达。

2.把职业技能的培养与语文实践活动结合起来,既要充分准备,又要加强积累,加强沟通协作。

第四单元

食典撷英

◆学习导读

从政治的高度关注饮食，以艺术的视角看待烹饪是中国的传统。受这一传统影响，在中国留下了众多记载饮食烹饪的典籍。这些典籍著作是厨师学习烹饪、研究烹饪的源头，也是品味菜品、改革创新的基础。能够了解、读懂这些典籍中的精华，是烹饪专业学生实现可持续发展的重要条件。

我们从历代烹饪典籍中精选出一些篇章，通过阅读理解、思考探究，去了解最早的烹饪理论，认识历代的美食名家，学习古代的烹饪技法，体会成为名厨应具备的思想品德。更重要的是，我们通过阅读经典，提升自己的古文阅读能力，为今后的深入学习奠定基础。

同学们，你们即将走入职场，试问自己准备好了吗？对于烹饪文化，你有能力寻古问今吗？对于菜肴制作，你能清晰表达吗？对于烹饪历史，你能侃侃而谈吗？如果这些方面都还有欠缺，那就请跟随我们走进第四单元，在古籍篇章中丰富和提升自我吧！

第一节

文化寻根

烹饪是一门学问,历史悠久,内涵丰富,烹饪与经济、政治、文化密不可分。老子《道德经》中的"治大国若烹小鲜"就是以烹饪喻政治。同样,《吕氏春秋·本味》在论及政治的同时,提出了古老的烹饪理论。古籍篇章是我们寻根溯源的载体,烹饪文化散落在字里行间。在学习过程中,我们既要重视对整体篇章的把握,也要逐字、逐句地进行翻译和理解,透过文字体味烹饪文化的精神内涵。

主题阅读

吕氏春秋·本味(节选)

吕不韦

汤得伊尹,祓①之于庙,爝以爟②火,衅以牺豭③。明日设朝而见之,说汤以至味。汤曰:"可对④而为⑤乎?"对曰:"君之国小,不足以具⑥;为天子然后可具。夫三群之虫⑦,水居者腥,肉玃⑧者臊,草食者膻。臭恶犹美,皆有所以⑨。凡味之本,水最为始。五味三材⑩,九沸九变,火为之纪⑪。时疾时徐,灭腥去臊除膻,必以其胜,无失其理。调和之事,必以甘、酸、苦、辛、咸。先后多少,其齐⑫甚微,皆有自起。鼎中之变,精妙微纤,口弗能言,志弗能喻。若射御之微,阴阳之化,四时之数⑬。故久而不弊⑭,熟而不烂,甘而不哝⑮,酸而不酷,咸而不减⑯,辛而不烈,淡而不薄,肥而不腻。"

【注释说明】

一、注释

①祓(fú)之于庙:在宗庙为伊尹举行除灾去邪的仪式。祓,古代一种除灾求福的祭祀仪式。

②爝(jué)以爟(guàn):烧苇草以祓除不祥。爝,火炬,火把;爟,将柴禾放到桔槔(gāo)上吊起来烧。

③衅以牺豭(jiā):衅,杀牲涂血;豭,公猪。

④对:按照。

⑤为:制作。

⑥具:具备。

⑦三群之虫:三群,三类;虫,动物。

⑧玃(jué)：扑取，指虎狼等猎食。

⑨所以：……的原因。

⑩三材：指水、木、火。

⑪纪：节制。

⑫齐：调剂，将调味料调配在一起。

⑬四时之数：四季的变化。

⑭弊：腐烂。

⑮哝：味深，指甜得过分。

⑯减：减，味苦。

二、说明

（一）《吕氏春秋》

《吕氏春秋》又名《吕览》，是战国末年秦相吕不韦与门客们共同编撰的一部著作。该书共分二十六卷（包括十二纪、八览、六论），一百六十篇。《吕氏春秋》注重博采众家学说，以道家黄老思想为主，兼收儒、墨、法、兵、农、纵横和阴阳各先秦诸子百家言论，所以《汉书·艺文志》等将其列入杂家。胡适先生在其《中国中古思想史长编》中说："杂家是道家的前身，道家是杂家的新名。汉以前的道家可叫做杂家，秦以后的杂家应叫做道家。"吕不韦自己认为其中包括了天地万物古往今来的事理，所以号称《吕氏春秋》。

（二）吕不韦

吕不韦（？—前235），姜姓，吕氏，名不韦，卫国濮阳人。战国末年著名商人、政治家、思想家。秦庄襄王即位，任吕不韦为相国，封文信侯，食邑河南洛阳十万户，门下有宾客三千。庄襄王卒，立年幼的太子政为王，拜吕不韦为相，号称"仲父"，专断朝政。

（三）伊尹

伊尹（生卒年不详），名伊，商初大臣。其出生地有河南开封、河南嵩县等多种说法。因为善于烹饪被商汤王看中，曾辅佐商汤王建立商朝，被后人尊之为中国历史上的贤相，奉祀为"商元圣"，是历史上第一个以负鼎俎调五味而佐天子治理国家的杰出庖人。他创立的"五味调和说"与"火候论"，至今仍是中国烹饪的不变之规。尹为官名，甲骨卜辞中称他为伊，金文则称为伊小臣。伊尹一生对中国古代的政治、军事、文化、教育等多方面都做出过卓越贡献，是杰出的思想家、政治家、军事家，中国历史上第一个贤能相国、帝王之师、中华厨祖。

【赏析指导】

《吕氏春秋·本味》，是伊尹以"至味"说汤的故事，来说明任用贤才，推行仁义之道可得天下的道理,得天下者才能享用人间所有美味佳肴。但在本意之外却不经意间记述了当时推崇的食品和调味料,同时也提出了我国,也是世界上最古老的烹饪理论,是研究我国古代烹饪史的一份不可多得的重要资料。

【读写探究】

一、阅读选文,思考回答以下问题

1. 结合选文解释"本味"的含义。

2. 本文讲的是什么故事?故事的本义是什么?

二、结合文下注释,翻译句子

1. 汤得伊尹,祓之于庙,爝以爟火,衅以牺猳。

2. 五味三材,九沸九变,火为之纪。

3. 若射御之微,阴阳之化,四时之数。

三、说说故事和烹饪有什么关系,又有什么重要意义

扫码看答案

【知识拓展】

一、中国古代饮食词解

1. 五谷:古代所指的五种谷物。"五谷",古代有多种不同说法,最主要的有两种:一种指稻、黍、稷、麦、菽;另一种指麻、黍、稷、麦、菽。两者的区别:前者有稻无麻,后者有麻无稻。古代经济文化中心在黄河流域,稻的主要产地在南方,而北方种稻有限,所以"五谷"中最初无稻。

2. 五牲:五种动物,具体所指说法不一:一种指牛、羊、猪、犬、鸡;另一种指麋、鹿、麇、狼、兔;还有一种指麇、鹿、熊、狼、野猪。第一种说法流传较广。

3. 五味:指酸、咸、甜(甘)、苦、辣(辛)五种味道,烹调上讲究"五味调和"。

4. 六畜:指六种家畜,马、牛、羊、猪、狗、鸡。

5. 八珍:指古代八种珍贵的食品。其具体所指随时代和地域而不同。陶宗仪《南村辍耕录》

卷中认为八珍是醍醐、麈沆、野驼蹄、鹿唇、驼乳糜、天鹅炙、紫玉浆、玄玉浆也。后世以龙肝、凤髓、豹胎、鲤尾、鸮炙、猩唇、熊掌、酥酪蝉为八珍。

二、中国古代十大名厨

厨师，是以烹饪为职业，以烹制菜点为主要工作内容的人。厨师这一职业在中国出现得很早，大约在奴隶社会，就已经有了专职厨师。下面介绍中国古代十大名厨。

1. 伊尹：商朝辅国宰相，商汤一代名厨，有"烹调之圣"美称，"伊尹汤液"为人传颂千年而不衰。在我国不少地方，赴宴开席第一道菜要先上汤菜，可能就是缘于此。

2. 易牙：又名狄牙，春秋时期著名厨师，精于煎、熬、燔、炙，又是调味专家，得宠于齐桓公。

3. 太和公：春秋末年吴国名厨，精通以水产为原料的菜肴，尤以炙鱼而闻名天下。

4. 膳祖：唐朝一代女名厨。段成式编的《酉阳杂俎》书中名食，均出自膳祖之手。

5. 梵正：五代时尼姑、著名女厨师，以创制"辋川小祥"风景拼盘而驰名天下，将菜肴与造型艺术融为一体，使菜上有山水，盘中溢诗歌。

6. 刘娘子：南宋高宗宫中女厨，历史上第一位宫廷女厨师，被人们尊称为"尚食刘娘子"。

7. 宋五嫂：南宋著名民间女厨师。高宗赵构乘龙舟游西湖，曾尝其鱼羹，赞美不已，于是名声大振，奉为脍鱼之"师祖"。

8. 董小宛：明末清初秦淮名妓，以善制菜蔬糕点，尤善桃膏、瓜膏、腌菜等闻名于江南。现在的扬州名点灌香董糖、卷酥董糖，为她所创制。

9. 萧美人：清朝著名女点心师，以善制馒头、糕点、饺子等点心而闻名，袁枚颇为推崇她，《随园食单》中盛赞其点心"小巧可爱，洁白如雪"。

10. 王小余：清朝名厨，烹饪手艺高超，并有丰富的理论经验。袁枚的《随园食单》中，有许多内容得益于王小余的见解。

【延伸阅读】

影梅庵忆语（节选）

冒 襄

姬（指董小宛）性淡泊，于肥甘一无嗜好，每饭，以芥茶一小壶温淘，佐以水菜、香豉数茎粒，便足一餐。

余饮食最少，而嗜香甜及海错风薰之味，又不甚自食，每喜与宾客共赏之。姬知余意，竭其美洁，出佐盘盂，种种不可悉记，随手数则，可睹一斑也。

酿饴为露，和以盐梅，凡有色香花蕊，皆于初放时采渍之。经年，香味、颜色不变，红鲜如摘，而花汁融液露中，入口喷鼻。奇香异艳，非复恒有。

最娇者为秋海棠露。海棠无香，此独露凝香发，又俗名断肠草，以为不食，而味美独冠诸花。次则梅英、野蔷薇、玫瑰、丹桂、甘菊之属，至橙黄、橘红、佛手、香橼，去白缕丝，色味更胜。

酒后出数十种，五色浮动白瓷中，解醒消渴，金茎仙掌，难与争衡也。

取五月桃汁、西瓜汁，一穰一丝滤尽，以文火煎至七八分，始搅糖细炼，桃膏如大红琥珀，瓜膏可比金丝内糖。

每酷暑，姬必手取汁示洁，坐炉边静看火候成膏，不使焦枯，分浓淡为数种，此尤异色异味也。

制豉，取色取气先于取味，豆黄九晒九洗为度，果瓣皆剥去衣膜，种种细料，瓜杏姜桂，以及酿豉之汁，极精洁以和之。豉熟擎出，粒粒可数，而香气酣色殊味，迥与常别。

红腐乳烘蒸各五六次，内肉既酥，然后削其肤，益之以味，数日成者，绝胜建宁三年之蓄。

他如冬春水盐诸菜，能使黄者如蜡，碧者如菭。蒲藕笋蕨、鲜花野菜、枸蒿蓉菊之类，无不采入食品，芳旨盈席。

火肉久者无油，有松柏之味。风鱼久者如火肉，有麂鹿之味。醉蛤如桃花，醉鲟骨如白玉，油蝎如鲟鱼，虾松如龙须，烘兔酥雉如饼饵，可以笼而食之。

菌脯如鸡塅，腐汤如牛乳。细考之食谱，四方郇厨中一种偶异，即加访求，而又以慧巧变化为之，莫不异妙。

红楼梦（第38回节选）

曹雪芹

……

　　说着，一齐进入亭子。献过茶，凤姐忙着安放杯箸，上面一桌：贾母、薛姨妈、宝钗、黛玉、宝玉。东边一桌：史湘云、王夫人、迎春、探春、惜春。西边靠门一小桌：李纨和凤姐，虚设坐位，二人皆不敢坐，只在贾母王夫人两桌上伺候。凤姐吩咐："螃蟹不可多拿来，仍旧放在蒸笼里，拿十个来，吃了再拿。"一面又要水洗了手，站在贾母跟前剥蟹肉。头次让薛姨妈，薛姨妈道："我自己掰着吃香甜，不用人让。"凤姐便奉与贾母；二次的便与宝玉。又说："把酒烫得滚热的拿来。"又命小丫头们去取菊花叶儿桂花蕊熏的绿豆面子，预备洗手。史湘云陪着吃了一个，便下座来让人，又出至外头，命人盛两盘子与赵姨娘送去。又见凤姐走来道："你不惯张罗，你吃你的去，我先替你张罗，等散了，我再吃。"湘云不肯，又命人在那边廊上摆了两席，让鸳鸯、琥珀、彩霞、彩云、平儿去坐。鸳鸯因向凤姐笑道："二奶奶在这里伺候，我们可吃去了。"凤姐儿道："你们只管去，都交给我就是了。"

……

　　贾母一时也不吃了。大家方散，都洗了手。也有看花的，也有弄水看鱼的，游玩了一回。王夫人因问贾母，说："这里风大，才又吃了螃蟹，老太太还是回房去歇歇罢了。若高兴，明日再来逛逛。"贾母听了，笑道："正是呢。我怕你们高兴，我走了，又怕扫了你们的兴；既这么说，咱们就都去罢。"回头嘱咐湘云："别让你宝哥哥林姐姐多吃了。"湘云答应着。又嘱咐湘云宝钗二人说："你两个也别多吃。那东西虽好吃，不是什么好的，吃多了肚子疼。"

　　二人忙应着。送出园外，仍旧回来，命将残席收拾了另摆。宝玉道："也不用摆，咱们且做诗。把那大团圆桌子放在当中，酒菜都放着。也不必拘定坐位，有爱吃的去吃，大家散坐，岂不便宜？"宝钗道："这话极是。"湘云道："虽如此说，还有别人。"因又命另摆一桌，拣了热螃蟹来，请袭人、紫鹃、司棋、侍书、入画、莺儿、翠墨等一处共坐。山坡桂树底下铺下两条花毯，命支应的婆子并小丫头等也都坐了，只管随意吃喝，等使唤再来。

……

大家又评了一回，复又要了热螃蟹来，就在大圆桌上吃了一回。

宝玉笑道："今日持螯赏桂，亦不可无诗。我已吟成，谁还敢作？"说着，便忙洗了手，提笔写出，众人看道：

持螯更喜桂阴凉，泼醋擂姜兴欲狂。
饕餮王孙应有酒，横行公子竟无肠！
脐间积冷馋忘忌，指上沾腥洗尚香。
原为世人美口腹，坡仙曾笑一生忙。

黛玉笑道："这样的诗，一时要一百首也有。"宝玉笑道："你这会子才力已尽，不说不能作了，还贬人家。"黛玉听了，并不答应，略一仰首微吟，提起笔来一挥，已有了一首。众人看道：

铁甲长戈死未忘，堆盘色相喜先尝。
螯封嫩玉双双满，壳凸红脂块块香。
多肉更怜卿八足，助情谁劝我千觞？
对兹佳品酬佳节，桂拂清香菊带霜。

宝玉看了，正喝彩，黛玉便一把撕了，命人烧去，因笑道："我做的不及你的，我烧了他。你那个狠好，比方才的菊花诗还好，你留着他给人看。"

宝钗笑道："我也勉强了一首，未必好，写出来取笑儿罢。"说着也写了出来。大家看时，写道：

桂霭桐阴坐举觞，长安涎口盼重阳。
眼前道路无经纬，皮里春秋空黑黄。

看到这里，众人不禁叫绝。宝玉道："骂得痛快！我的诗也该烧了。"看底下道：

酒未涤腥还用菊，性防积冷定须姜。
于今落釜成何益？月浦空余禾黍香。

众人看毕，都说："这是食蟹绝唱。这些小题目，原要寓大意思，才算是大才。只是讽刺世人太毒了些。"说着，只见平儿复进园来。不知做什么，且听下回分解。

语文实践

饮食小讲坛

【活动内容】

中华饮食文化博大精深、源远流长，在世界上享有很高的声誉。中国人讲吃，不仅仅是一日三餐，解渴充饥，它往往蕴含着中国人认识事物、理解事物的哲理。请结合专业学习内容，通过网络查询，小组合作，撰写介绍文字，在班级内开设饮食小讲坛，向大家进行中华饮食文化介绍。

【活动目标】

1. 培养学生利用工具检索信息的能力。
2. 培养学生的语言书面表达能力和口头表达能力。

3. 深入了解中华饮食文化内涵，培养学生学习烹饪、研究烹饪的热情。

4. 通过开展活动，加强学生的合作意识。

【活动过程】

一、教师布置任务，解读烹饪文化内涵

饮食文化是以饮食为载体而产生和发展起来的文化现象。饮食的重要性，决定了在人类全部物质文化中，最重要的就是饮食文化。饮食文化的出现，应该说是人类社会发展和进步的一个标志，是历史发展的必然过程。从刀耕火种、茹毛饮血到农牧业的出现，社会生产力不断提高，物质产品逐渐丰富。饮食对于人们来说，已不再是简单地为了满足生存和生活的需要，也不仅是单纯为了果腹充饥，它已成为人们享受生活乐趣的一个方面。人们从吃饱肚子到要求吃得美、吃得有情趣、吃得好，就产生了对饮食的更高要求。为了满足这一要求，在社会的不断进步和发展过程中，就形成了与之相适应的饮食观念；形成了各种流派的烹饪技艺；产生了数不清的菜肴食品；形成了浩繁的关于饮食的典章制度；形成了众多的礼仪风俗及种种食疗法、药膳配方等，这些都是饮食文化丰富内涵的体现。

本次实践活动从风味多样、讲究美感、注重情趣、四季有别、食医结合等方面介绍中华饮食文化，以了解其丰富内涵。

"如何做好烹饪小讲坛"微课

二、学生研讨任务，收集资料

1. 第一组：查询风味多样的地方美食。

由于我国幅员辽阔，地大物博，各地气候、物产、风俗习惯都存在着差异。长此以往，在饮食上也就形成了许多风味。我国一直就有"南米北面"的说法，口味上有"南甜北咸东酸西辣"之分，主要是巴蜀、齐鲁、淮扬、粤闽四大风味。

2. 第二组：查询形式多样的美食美器。

我国饮食不但讲求色、香、味、形的美，而且还非常重视饮食器具的美。色、香、味、形、器是我国饮食文化不可分割的五个方面。美食与美器的和谐统一，给食者以视觉享受。美食配美器，相得益彰。

3. 第三组：查询饮食蕴含的品位情趣。

我国饮食文化自古以来就注重品位情趣，不仅对饭菜点心的色、香、味、形、器和质量、营养有严格的要求，而且在菜肴的命名、品味的方式、时间的选择、进餐时的节奏、娱乐的穿插等都有一定雅致的要求，立意新颖，风趣盎然。

4. 第四组：查询南北方四季饮食的代表菜。

一年四季，按季节而吃，是中国烹饪又一大特征。自古以来，我国一直按季节变化来调味、配菜，冬天味醇浓厚，夏天清淡凉爽；冬天多炖焖煨，夏天多凉拌冷冻。

5. 第五组：查询 4~6 道药膳的配方与疗效。

我国的烹饪技术，与医疗保健有密切的联系，在几千年前有"医食同源"和"药膳同功"的说法，利用食物原料的药用价值，做成各种美味佳肴，达到对某些疾病防治的目的。

三、学生制订实施计划，填写完成下列表格

语文实践活动记录表

组名	
活动主题	
任务分工	组　长：_____　负责：_____ 监督员：_____　负责：_____ 组　员：_____　负责：_____ 组　员：_____　负责：_____ 组　员：_____　负责：_____
实施计划	
任务成果 要点	

记录人：　　　　　　　　　　　　　　本组汇报人：

四、学生撰写文字稿，制作电子演示文稿

五组学生根据各自的特长进行分工合作。

五、教师审阅文稿及电子演示文稿，提出修改意见，学生修改

六、学生分组展示，组间交流，教师点评

展示主题建议如下。

1. 第一组：话说地方美食。
2. 第二组：美食配美器。
3. 第三组：烹饪·文化·品位。
4. 第四组：四季饮食。
5. 第五组：药膳与食疗。

【活动评价】

评价项目	评价标准	评价等次			教师总评
讲述内容	思想内容能紧紧围绕主题，语言简练，逻辑性强	A	B	C	
	观点正确、鲜明，见解独到，内容充实具体	A	B	C	
	能突出本岗位的工作特点	A	B	C	
语言表达	口齿清楚，表达流畅	A	B	C	
	语速恰当，语气、语调、音量、节奏处理得当	A	B	C	
	思想情感表达与形体动作协调一致	A	B	C	
形象风度	仪表端庄，神态自然、大方	A	B	C	
	演讲者精神饱满，能较好地运用姿态、动作、手势、表情，表达对所讲内容的理解	A	B	C	
沟通协作	播放电子演示文稿的同学能与演讲的同学配合默契	A	B	C	
	展示成果须组内人人参与	A	B	C	

【活动建议】

1. 中华饮食文化内涵丰富，涉及面广，教师在布置任务时应给学生明确的提示，引导学生检索和指明查找资料的方向。

2. 学生分组应考虑学生的智能特点，建议遵循优势智能互补的原则，有的学生擅长网络查询，有的学生擅长文字撰写，有的学生擅长电子演示文稿制作，有的学生擅长语言表达，力争做到组内异质，组间同质。

3. 学生的成果初步完成，教师审阅并提出修改意见的这个环节很关键，既帮助学生进行整理和提升，还能保证成果展示的质量。

4. 展示之后的教师的评价应做到鼓励为主、针对性强，起到画龙点睛的作用。

5. 在整个实施过程中注重发挥学生的主体作用，特别是组长的作用。

第二节 古法美食

技艺总是在传承中发展，许多名厨大家，在研发创新菜肴的时候，不约而同地将目光投向了中国古代烹饪典籍。在这些典籍中，记载着历朝历代文人、学者、美食家留下的美食制作方法。这些美食佳肴的制法，不仅是古代饮食文化的见证，更是当代厨师传承厨艺必须汲取的养分。读懂古菜谱，是厨师综合职业能力的重要体现。同学们从语文的角度，学习如何读懂古菜谱，就是为了将来能够不断发展烹饪技术，让这些古法美食在当代发扬光大。

主题阅读

古食谱三则

炙①豚法

用乳下豚极肥者，䝉、牸②俱得。摒③治一如煮法，揩洗、刮削，令极净。小开腹，去五脏，又净洗。以茅茹腹④令满，柞⑤木穿，缓火遥炙，急转勿住。清酒数涂以发色。取新猪膏极白净者，涂拭勿住。若无新猪膏，净麻油亦得。色同琥珀，又类真金。入口则消，状若凌雪⑥，含浆膏润，特异凡常也。

——贾思勰《齐民要术》

黄鱼

黄鱼切小块，酱酒郁⑦一个时辰，沥干；入锅爆炒，两面黄，加金华豆豉一茶杯、甜酒一碗、秋油一小杯同滚。候卤干色红，加糖，加瓜姜收起，有沉浸浓郁之妙。又一法：将黄鱼拆碎，入鸡汤作羹，微用甜酱水纤粉收起之亦佳。大抵黄鱼亦系浓厚之物，不可以清治之也。

——袁枚《随园食单》

蜜酿蝤蛑⑧

盐水略煮，才色变便捞起。擘开⑨，螯脚出肉⑩，股剁作小块。先将上件排在壳内，以蜜少许入鸡弹⑪内搅匀，浇遍⑫，次以膏腴⑬铺鸡弹上蒸之。鸡弹才干凝便啖⑭，不可蒸过。橙齑⑮、醋供。

——倪瓒《云林堂饮食制度集》

【注释说明】

一、注释

①炙(zhì):烤。

②豮(fén)、牸(zì):豮,公猪,亦泛指雄性牲畜;牸,雌性牲畜。

③挦(xián):扯,拔。

④以茅茹腹:把茅塞进乳猪腹中。茅,多年生草本植物,春季先开花,后生叶,花穗上密生白毛。其根茎可食,亦可入药,叶可编蓑衣。茹,塞进。

⑤柞(zuò):栎的通称,栎属乔木或灌木。

⑥凌雪:冰雪。

⑦郁:把要炒的鱼等先放在酒或酱油里浸一段时间。此义与北方方言中的"腌"同。

⑧蝤蛑(yóu móu):梭子蟹。

⑨擘(bāi)开:用手分开。

⑩螯(áo)脚出肉:将蝤蛑大螯及脚中的肉取出。

⑪鸡弹:鸡蛋。

⑫浇遍:将用蜜饯调成的蛋糊遍浇在蝤蛑壳中所盛放的蟹肉上。

⑬膏腴(gāo yú):肥脂。

⑭啖(dàn):吃。

⑮橙齑(jī):捣碎的橙子,甜中带酸。用橙和醋伴食蟹,可以解腥驱寒。

二、说明

(一)《齐民要术》

《齐民要术》是北魏时期杰出农学家贾思勰所著的一部综合性农书,是中国完整保存至今最早的一部农书。书名中的"齐民",指平民百姓,"要术"指谋生方法。《齐民要术》成书于公元533—544年,它系统地总结了黄河中下游地区农牧业生产经验、食品的加工与储藏、野生植物的利用等,对中国古代农学的发展产生过重大影响。《齐民要术》全书共九十二篇,分成十卷。全书介绍了农作物、蔬菜和果树的栽培方法,各种经济林木的生产,野生植物的利用,家畜、家禽、鱼、蚕的饲养和疾病的防治,以及农、副、畜产品的加工,酿造和食品加工,甚至文具、日用品的生产等,对几乎所有农业生产活动都做了比较详细的论述。在农学方面具有重大意义。

从饮食烹饪的角度看,《齐民要术》堪称中国古代的烹饪百科全书,价值极高。

《齐民要术》中涉及饮食烹饪的内容有二十五篇,包括造曲、酿酒、制盐、做酱、造醋、做豆豉、做齑、做鱼、做脯腊、做乳酪、做菜肴和点心等内容。列举的食品、菜点品种约三百种,涉及蒸制、煎、炙、烤、煮、熬、过滤、日晒、风干等多种制作手法。在汉魏南北朝时期的饮食烹饪著作基本亡佚的情况下,《齐民要术》中的这些食品、菜点资料就更加珍贵了。

《齐民要术》中的食品、菜点制法有着较高的科技水平和工艺水平。例如,书中记载由曹操所献的"九酝酒法",其连续投料的酿造方法,开创了霉菌深层培养法之先河,它可以提高酒的酒精浓度,在中国酿酒史上具有重要的意义。

书中强调造乳酪必须严格控制温度,这也和现代科学原理相吻合。至于菜肴的烹饪方法,多达二十多种,有酱、腌、糟、醉、蒸、煮、煎、炸、炙、烩、熘、炒等。特别是"炒",这种旺火速成的方法已明确其在做菜中的应用,其意义十分重大。另外,书中详细记录的两种面点发酵法,在中国面点史上也占有重要地位。

(二)贾思勰

贾思勰为《齐民要术》作者,北魏时人,汉族,益都(今山东寿光)人,曾经做过高阳郡太守,是中国古代杰出的农学家。他认为农业科技水平的高低关系到国家是否富强,于是他便萌生了撰写农书的想法。统治者的励精图治,农业生产的蒸蒸日上,也为贾思勰撰写农书提供了便利的条件。贾思勰为官期间,到过山东、河北、河南等许多地方。每到一处,他都非常重视农业生产,他曾经亲自从事农业生产实践,进行各种实验,饲养过牲畜、栽种过粮食。贾思勰不但注重亲身实践,而且善于向经验丰富的老农学习,吸收劳动人民在长期的生产生活中总结出的宝贵经验。《齐民要术》是贾思勰在总结前人经验的基础上,结合自己从富有经验的老农当中获得的生产知识及对农业生产的亲身实践与体验,认真分析、系统整理、概括总结而成。

【赏析指导】

《齐民要术》中的"炙豚法"将烤猪的选料、宰杀加工、烧烤等事项都写得很详细,并且绘声、绘色、绘形甚至绘香、绘味,令人读后,十分向往。这种古代"炙法",对后世产生了重要影响,清代烤乳猪和烤鸭作为满汉全席里著名的"双烤",名震大江南北。《随园食单》中黄鱼的制作和《云林堂饮食制度集》中蜜酿蝤蛑的制作有一个共同点,那就是制作步骤清晰,要求明确,并提出了注意事项,如果依照古法烹调,具有很强的可操作性。现代菜肴即便有所创新,也还能从选文中的三种菜肴中探寻到古代技法的痕迹。

【读写探究】

一、结合注释,翻译选文中的三个古菜谱,并写出"黄鱼"和"蜜酿蝤蛑"的制作过程

二、第一篇选文中描绘制成的烤猪"色同琥珀,又类真金。入口则消,状若凌雪,含浆膏润,特异凡常也"。你能结合专业所学,根据自己的经验或请教专业课教师,写出根据古菜谱烹制出的黄鱼和蜜酿蜻蜓的特点吗?

1. 黄鱼

2. 蜜酿蜻蜓

扫码看答案

【知识拓展】

《随园食单》是清代文人袁枚所著的一本食谱,主要介绍了江浙一带各种特色饮食的制作方法。其语言通俗易懂,口语化程度很高。书中使用了许多方言词语,大多是吴地方言,也有一些江淮官话。这些方言词语有些还在使用,有些已成为古方言。正确理解这些方言词语,有助于我们更好地理解古代的菜肴制法和饮食文化。

1. 飞面:面粉。

每至年节,陶方伯夫人手制点心十种,皆山东飞面所为(点心单·陶方伯十景点心)。

用山东飞面,作酥为皮,中用松仁、核桃仁、瓜子仁为细末,微加冰糖和猪油儿馅,食之不觉甚甜,而香松柔腻,迥异寻常(点心单·刘方伯十景月饼)。

泾阳张荷塘明府家制天然饼,用上白飞面,加微糖及脂油为酥,随意搦成饼样,如碗大,不拘方圆,厚二分许。用洁净小鹅子石衬而熯之,随其自为凹凸,色半黄便起,松美异常。或用盐亦可(点心单·天然饼)。

《汉语方言大词典》【飞面】〈名〉面粉。吴语。浙江温州。

2. 干面:面粉。

干面用冷水调,不可多,揉擀薄后,卷拢再擀薄了,用猪油、白糖铺匀,再卷拢擀成薄饼,用猪油熯黄。如要盐的,用葱椒盐亦可(点心单·蓑衣饼)。

《汉语方言大词典》【干面】词条义项(1)〈名〉面粉。(一)江淮官话。江苏扬州、涟水、盐城、淮阴、泰州、南京。安徽滁县、天长。(二)吴语。上海。江苏启东吕四、南通、靖江、无锡、常州、宜兴、常熟、苏州。

"面粉"如今在江苏大部分地区如南京、南通、镇江、常州、无锡等地现在依然叫作"干面"。上海等吴语区也依然把面粉称作"干面"。

3. 脚面:小米面或玉米面。

熬粗茶汁,脚面兑入,加芝麻酱亦可,加牛乳亦可,微加一撮盐。无乳则加奶酥、奶皮亦可(点心单·面茶)。

《汉语方言大词典》收有【脚面】一词,义为脚背,与此不合。"脚"有"粗"的意思,小麦等磨成的面为白面、细面,小米、玉米、糜子等磨成的面在人们心目中都是粗面、脚面。

4. 郁:把要炒的肉或鱼等先放在酒或酱油里浸一段时间。此义与北方方言中的"腌"同。

先微腌,用面酱酱之,或单用秋油拌郁,风干(特牲单·酱肉)。

将脯子斩碎,用鸡子一个,调清酱郁之(羽族单·假野鸡卷)。

季鱼少骨,炒片最佳。炒者以片薄为贵。用秋油细郁后,用纤粉、蛋清搂之,入油锅炸,加作料炒之(水族有鳞单·季鱼)。

《汉语方言大词典》【郁】(3)〈动〉鱼、肉等在下锅烹调之前先在酱油中浸一会。吴语。江苏苏州、常州。这个古方言词现在在江苏口语中依然使用。

5. 秋油:酱油。

苏州店卖秋油,有上、中、下三等(须知单·作料须知)。

用小磁钵,将肉切方块,加甜酒、秋油,装大钵内封口,放锅内,下用文火干蒸之(特牲单·干锅蒸肉)。

拆鸡为丝,秋油、芥末、醋拌之。此杭州菜也(羽族单·鸡丝)。

《汉语方言大词典》【秋油】条:〈名〉酱油。江淮官话。江苏南京。秋油即酱油。此词今天南京口语中仍在使用。

【延伸阅读】

闲情偶寄·饮馔部(节选)

李渔

笋

论蔬食之美者,曰清,曰洁,曰芳馥,曰松脆而已矣。不知其至美所在,能居肉食之上者,只在一字之"鲜"。《记》曰:"甘受和,白受采。"①"鲜"即"甘"之所从出也。此种供奉,惟山僧野老躬治园圃者得以有之,城市之间卖菜佣求活者,不得与焉。

然他种蔬食,不论城市山林,凡宅旁有圃者,旋摘旋烹,亦能时有其乐。至于笋之一物,则断断宜在山林,城市所产者,任尔芳鲜,终是笋之剩义。此蔬食中第一品也,肥羊嫩豕,何足比肩。但将笋、肉齐烹,合盛一簋,人止食笋而遗肉,则肉为鱼而笋为熊掌可知矣。购于市者且然,况山中之旋掘者乎?

食笋之法多端,不能悉纪,请以两言概之,曰:"素宜白水,荤用肥猪。"茹斋者②食笋,若以他物伴之,香油和之,则陈味夺鲜,而笋之真趣没矣。白煮俟熟,略加酱油;从来至美之物,皆利于孤行,此类是也。以之伴荤,则牛羊鸡鸭等物皆非所宜,独宜于豕,又独宜于肥。肥非欲其腻也,肉之肥者能甘,甘味入笋,则不见其甘,但觉其鲜之至也。烹之既熟,肥肉尽当去之,即汁亦不宜多存,存其半而益以清汤。调和之物,惟醋与酒。此制荤笋之大凡也。

笋之为物,不止孤行并用各见其美,凡食物中无论荤素,皆当用作调和。菜中之笋与药中之甘草,同是必需之物,有此则诸味皆鲜,但不当用其渣滓,而用其精液。庖之人善治具者,凡有焯笋之汤,悉留不去,每作一馔,必以和之,食者但知他物之鲜,而不知有所以鲜之者在也。

《本草》中所载诸食物,益人者不尽可口,可口者未必益人,求能两擅其长者,莫过于此。东坡云:"宁可食无肉,不可居无竹。无肉令人瘦,无竹令人俗。"不知能医俗者,亦能医瘦,但有已成竹未成竹之分耳。

【注释说明】

①甘受和,白受采:出自《礼记》,意为甘美的东西容易调味,洁白的东西容易着色。
②茹斋者:吃斋饭素食的人。茹,吃。

语文实践

烹饪小学者

【任务内容】

有个成语叫"如法炮制",原意是指仿照成法,炮制药物,泛指照现成的方法办事。在中华饮食文化中,古人留下了大量的菜谱,很多技法沿用至今。我们不主张"如法炮制",但一定要合理继承,不断创新。本次实践活动是做一个烹饪小学者,尝试通过网络查询,小组合作,翻译古菜谱,并结合专业所学,针对菜谱中的某道菜肴提出创新的做法。

【活动目标】

1. 培养学生收集信息、整理信息的能力。
2. 培养学生的书面表达能力和口头表达能力。
3. 了解中国古代菜肴制法,培养学生学习烹饪、研究烹饪的热情。
4. 通过活动开展,加强学生的合作意识,培养创新意识。

【活动过程】

一、教师布置任务,提出具体要求,教授检索方法

利用百度查找生字拼音、写法和词义。

1. 打开百度搜索,进入搜索页面。
2. 选择搜索框右边的输入法,点击,选择手写输入(如果没有输入法,请点击百度搜索页面右上角的搜索设置,下拉框中选择手写就可以了)。
3. 手写出自己不认识的字,选择不认识的字,点击,左边搜索框里就有了此字,在后边加上"怎么读"三个字,然后按回车键,进行搜索。一般第一条就是百度词典的读音,点击进入百度词典,就可以看到关于此生字的很详细的信息,包括读音、笔画、意思等。

二、学生分组,研讨任务,制订小组分工计划及实施计划,填写下列表格

语文实践活动记录表

组名	
活动主题	
任务分工	组　长:＿＿＿＿　负责:＿＿＿＿＿＿＿＿＿ 监督员:＿＿＿＿　负责:＿＿＿＿＿＿＿＿＿ 组　员:＿＿＿＿　负责:＿＿＿＿＿＿＿＿＿

续表

组名	
任务分工	组　员：＿＿＿＿＿　负责：＿＿＿＿＿＿＿＿＿＿＿＿ 组　员：＿＿＿＿＿　负责：＿＿＿＿＿＿＿＿＿＿＿＿
实施计划	
任务成果 要点	

记录人：

三、学生以组为单位利用网络(检索工具)翻译古菜谱，形成文字

第一组：翻译古菜谱中荤菜的做法。

(一)炒鸡片

用鸡脯肉，去皮，斩成薄片；用豆粉、麻油、秋油拌之，纤粉调之，鸡蛋清拌；临下锅加酱、瓜、姜、葱花末。须用极旺之火炒，一盘不过四两，火气才透。

(二)粉蒸肉

用精肥参半之肉，炒米粉黄色，拌面酱蒸之，下用白菜作垫。熟时不但肉美，菜亦美。以不见水，故味独全。江西人菜也。

(三)鲫鱼

鲫鱼先要善买。择其扁身而带白色者，其肉嫩而松，熟后一提，肉即卸骨而下。黑脊浑身者，崛强槎枒，鱼中之喇子也，断不可食。照边鱼蒸法，最佳。其次煎吃亦妙。拆肉下可以作羹。通州人能煨之，骨尾俱酥，号"酥鱼"，利小儿食。然总不如蒸食之得真味也。六合龙池出者，愈大愈嫩，亦奇。蒸时用酒不用水，稍稍用糖以起其鲜。以鱼之小大，酌情量秋油、酒之多寡。

第二组：翻译古菜谱中素菜的做法。

(一)波菜

波菜肥嫩，加酱水、豆腐煮之。杭人名"金镶白玉板"是也。如此种菜，虽瘦而肥，可不必再加笋尖、香蕈。

(二)茭

茭白炒肉、炒鸡俱可。切整段，酱醋炙之，尤佳。煨肉亦佳，须切片，以寸为度，初出瘦细者无味。

(三)茄二法

吴小谷广文家,将整茄子削皮,滚水泡去苦汁,猪油灸之。灸时须待泡水干后,用甜酱水干煨,甚佳。卢八太爷家,切茄作小块,不去皮,入油灼微黄,加秋油炮炒,亦佳。是二法者,俱学之而未尽其妙。惟蒸烂划开,用麻油、米醋拌,则夏间亦颇可食。或煨干作脯,置盘中。

(四)杨中丞豆腐

用嫩豆腐煮去豆气,入鸡汤,同鳆鱼片滚数刻,加糟油、香蕈起锅。鸡汁须浓,鱼片要薄。

(五)素烧鹅

煮烂山药,切寸为段,腐皮包,入油煎之;加秋油、酒、糖、瓜姜,以色红为度。

第三组:翻译古菜谱中点心的做法。

(一)裙带面

以小刀截面成条,微宽,则号"裙带面"。大概作面,总以汤多为佳,在碗中望不见面为妙。宁使食毕再加,以便引人入胜。此法扬州盛行,恰甚有道理。

(二)麻团

蒸糯米捣烂为团,用芝麻屑拌糖作馅。

(三)刘方伯月饼

用山东飞面,作酥为皮,中用松仁、核桃仁、瓜子仁为细末,微加冰糖和猪油作馅,食之不觉甚甜,而香松柔腻,迥异寻常。

(四)薄饼

山东孔藩台家制薄饼,薄若蝉翼,大若茶盘,柔腻绝伦。家人如其法为之,卒不能及,不知何故。秦人制小锡罐,装饼三十张,每客一罐,饼小如柑。罐有盖,可以贮馅。用炒肉丝,其细如发;葱亦如之。猪羊并用,号曰"西饼"。

第四组:翻译古菜谱中汤、粥的做法。

(一)木瓜汤

补中,顺气,治腰膝疼痛,香港脚不仁。

羊肉(一脚子,卸成事件)、草果(五个)、回回豆子(半升,捣碎,去皮)。

上件,一同熬成汤,滤净,下香粳米一升,熟回回豆子二合,肉弹儿木瓜二斤,取汁,沙糖四两,盐少许,调和,或下事件肉。

(二)鲤鱼汤

治黄胆。止渴,安胎。有宿瘕者,不可食之。

大新鲤鱼(十头,去鳞肚,洗净)、小椒末(五钱)。

上件,用芫荽末五钱,葱二两,切,酒少许,盐一同淹,拌清汁内,下鱼,次下胡椒末五钱,生姜末三钱,荜拨末三钱,盐、醋调和。

（三）粥

见水不见米，非粥也；见米不见水，非粥也。必使水米融洽，柔腻如一，而后谓之粥。尹文端公曰："宁人等粥，毋粥等人。"此真名言，防停顿而味变汤干故也。近有为鸭粥者，入以荤腥；为八宝粥者，入以果品，俱失粥之正味。不得已，则夏用绿豆，冬用黍米，以五谷入五谷，尚属不妨。余常食于某观察家，诸菜尚可，而饭粥粗粝，勉强咽下，归而大病。尝戏语人曰："此是五脏神暴落难。"是故自禁受不得。

第五组：翻译古菜谱中关于茶、酒的介绍。

（一）龙井茶

杭州山茶，处处皆清，不过以龙井为最耳。每还乡上冢，见管坟人家送一杯茶，水清茶绿，富贵人所不能吃者也。

（二）常州阳羡茶

阳羡茶，深碧色，形如雀舌，又如巨米，味较龙井略浓。

（三）山西汾酒

既吃烧酒，以狠为佳。汾酒乃烧酒之至狠者。余谓烧酒者，人中之光棍，县中之酷吏也。打擂台，非光棍不可，除盗贼，非酷吏不可，驱风寒、消积滞，非烧酒不可。汾酒之下，山东膏粱烧次之，能藏至十年，则酒色变绿，上口转甜，亦犹光棍做久，便无火气，殊可交也。尝见童二树家泡烧酒十斤，用枸杞四两、苍术二两、巴戟天一两，布扎一月，开瓮，甚香。如吃猪头、羊尾、"跳神肉"之类，非烧酒不可，亦各有所宜也。

四、以竞赛形式，全班分享交流（口头表达）

各组选一个代表发言，分享古菜谱的翻译，教师提示、指导。

五、学生针对某个菜肴说出创新做法，师生共同点评

【活动评价】

评价项目	评价标准	评价等次			教师总评
翻译内容	内容正确，关键词翻译准确	A	B	C	
语言表达	口齿清楚，表达流畅，语速恰当	A	B	C	
形象风度	仪表端庄，神态自然、大方	A	B	C	
创新思维	菜品制作有创新，可操作	A	B	C	
沟通协作	展示成果须组内人人参与	A	B	C	

【活动建议】

1.古菜谱翻译的难点在于学生必须借助检索工具完成，因此教师在布置任务时应给学生明确的提示，教会学生检索和查找资料的方法。

2.在翻译介绍古菜谱时，教师应引导学生列出制作步骤，强调关键点。

3.教师提供古菜谱素材，可采用抽签的方式分配任务，在展示成果时分享交流。

第三节

厨艺厨德

德艺双馨,是对职业人的最高要求。在中国烹饪理论集大成之作——《随园食单》中,袁枚对烹调技艺、操作规范和职业操守都进行了细致的总结和阐述。学习经典,对一名当代厨师的职业生涯发展来说,都是大有裨益,也是至关重要的。在这一部分,我们精选了《随园食单》中的关乎厨艺厨德的部分精华篇章,同学们通过研读,让自己阅读烹饪典籍的水平进一步提升,让自己有能力在深厚的烹饪传统文化中自在遨游,为自己今后的厨艺生涯注入永葆活力的文化基因。

主题阅读

《随园食单》选读

袁枚

火候须知

熟物之法,最重火候。有须武火①者,煎炒是也;火弱则物疲矣。有须文火②者,煨③煮是也;火猛则物枯矣。有先用武火而后用文火者,收汤之物是也;性急则皮焦而里不熟矣。有愈煮愈嫩者:腰子、鸡蛋之类是也;有略煮即不嫩者:鲜鱼、蚶蛤之类是也。肉起迟,则红色变黑。鱼起迟,则活肉变死。屡开锅盖,则多沫而少香;火息再烧,则走油而味失。道人以丹成九转为仙,儒家以无过不及为中。司厨者能知火候而谨伺之,则几于道矣。鱼临食时,色白如玉,凝而不散者,活肉也;色白如粉,不相胶粘者,死肉也。明明鲜鱼,而使之不鲜,可恨已极。

洁净须知

切葱之刀,不可以切笋。捣椒之臼④,不可以捣粉。闻菜有抹布气者,由其布之不洁也;闻菜有砧板气者,由其板之不净也。工欲善其事,必先利其器。⑤良厨先多磨刀、多换布、多刮板、多洗手,然后治菜。至于口吸之烟灰,头上之汗汁,灶上之蝇蚁,锅上之烟煤,一玷入菜中,虽绝好烹庖,如西子蒙不洁,人皆掩鼻而过之矣。

戒苟且

凡事不宜苟且,而于饮食尤甚。厨者皆小人下材⑥,一日不加赏罚,则一日必生怠玩。火齐未到,而姑且下咽,则明日之菜必更加生;真味已失,而含忍不言,则下次之羹,必加草率,且又不止。空赏空罚而已也。其佳者,必指示其所以能佳之由;其劣者,必寻求其所以致劣之故。咸淡必适其中,不可丝毫加减,久暂必得其当,不可任意登盘。厨者偷安,吃者随便,皆饮食之大弊。审问、慎思、明辨⑦,为学之方也。随时指点,教学相长,作师之道也。于味何独不然。

【注释说明】

一、注释

①武火:指大火,或者急火。

②文火:小火,或者微火。

③煨(wēi):用微火慢慢地煮。

④臼(jiù):舂米的器具,用石头或木头制成,中间凹下。这里指捣椒的器具。

⑤工欲善其事,必先利其器:一个工匠想要使他的工作做好,一定要先让工具锋利。比喻要做好一件事,准备工作非常重要。

⑥小人下村:一般的普通人。

⑦审问、慎思、明辨:审查询问、谨慎思考、明辨道理。

二、说明

(一)《随园食单》

《随园食单》是我国清代一部系统地论述烹饪技术和南北菜点的重要著作,在历代记述饮食文化的著述中,是最精炼、水平最高的一本美食杂记,作者是清代著名文学家袁枚,成书于1792年(乾隆五十七年)。全书分为须知单、戒单、海鲜单、江鲜单、特牲单、杂牲单、羽族单、水族有鳞单、水族无鳞单、杂素菜单、小菜单、点心单、饭粥单和茶酒单十四个部分。在须知单中提出了既全且严的二十个操作要求,在戒单中提出了十四个注意事项。接着,用大量的篇幅详细地记述了我国从十四世纪至十八世纪中流行的300余种南北菜肴、饭点,也介绍了当时的美酒名茶。从选料到品尝都有所叙及。从中可以看出,中国菜肴几百年来没有多少根本性的变化,他推崇的美食,如今仍然广受追捧,非常实用。

《随园食单》是提高烹饪技术、研究传统菜点以及烹制方法的指导性史籍。自问世以来,这部书长期被公认为是厨者的经典之作,英、法、日等语种均有译本。

(二)袁枚

袁枚(1716—1798),清文学家。字子才,号简斋,晚年自号仓山居士、随园主人、随园老人,浙江杭州人。袁枚是乾隆、嘉庆时期代表诗人之一,与赵翼、蒋士铨合称为"乾隆三大家"。乾隆进士。乾隆七年外调做官,曾任江宁等地知县,政声好。三十三岁父亲亡故,辞官养母,在江宁(南京)购置隋氏废园,改名"随园",筑室定居,世称随园先生。自此,他就在这里过了近50年的闲适生活,从事诗文著述。代表作有《小仓山房集》《随园诗话》《子不语》《随园食单》等30余种。

第四单元　食典撷英

【赏析指导】

《须知单》是《随园食单》其中的一部分,从选料、加工、制作、调味、火候、搭配、卫生等多方面提出了既全且严的二十个操作要求。

本文所选的《火候须知》主要讲的就是烹制菜肴、面点是控制用火时间的长短和火力大小的技能。因肴馔不同,用火时间的长短和火力大小也不同。火候掌握恰当,可使肴馔成熟适度,并使肴馔的色、香、味、形和质地均达到最佳效果,反之易致欠火或过火,导致菜肴失败。

《洁净须知》中作者将卫生工作总结成四要:良厨要先多磨刀、多换布、多刮板、多洗手,然后治菜,想出好活一要手艺好,二要家什妙,指出了"工欲善其事,必先利其器"的道理。

《随园食单》中的《戒单》提出了烹饪及饮食中的十四个注意事项。《戒苟且》中作者首先指出凡事不可苟且,餐饮更不能马虎、随便、只顾眼前。作为管理者、食客,须对厨师严格要求,严加赏罚;作为厨师自身,办事要踏实认真,用"心"做好菜。通过阅读鉴赏,在体会作者烹饪思想的同时,思考如何修炼提升自己的厨艺厨德。

【读写探究】

一、解释"工欲善其事,必先利其器"

二、结合选文,列举4~5条优秀厨师应具备的厨艺厨德

1.优秀厨师应该:

2.优秀厨师应该:

3.优秀厨师应该:

4.优秀厨师应该:

5.优秀厨师应该:

三、结合优秀厨师的条件,为自己制订一份个人成长计划书

扫码看答案

烹饪语文

个人成长计划书

班级		姓名	
成长目标：			
个人现有基础分析： 一、厨艺方面	优势： 不足： 改进措施：		
二、厨德方面	优势： 不足： 改进措施：		

【知识拓展】

一、《闲情偶寄》

《闲情偶寄》为明末清初戏曲家、文学家李渔的重要著作之一。内容包含戏曲、饮食、种花、养生等。在中国传统雅文化中享有很高声誉，被誉为古代生活艺术大全，名列"中国名士八大奇著"之首。

《闲情偶寄》中的《饮馔部》，是李渔讲求饮食之道的专著。他主张于俭约中求饮食的精美，在平淡处得生活的乐趣。其饮食原则可以概括为24字诀，即重蔬食，崇俭约，尚真味，主清淡，忌油腻，讲洁美，慎杀生，求食益。这正表现了中国传统文化对饮食的美的追求。《闲情偶寄》文字清新隽永，叙述娓娓动人，读后留香齿颊，余味道无穷。周作人先生对此书推崇备至，认为本书唯一缺憾在于没能涉及老年生活，否则必有奇文妙论。总之，《闲情偶寄》不仅熏陶、影响了周作人、梁实秋等一大批现代散文大师，开现代生活美文之先河，而且对我们今天提高生活品位、营造艺术的人生氛围仍有极大的借鉴价值。

二、《素食说略》

《素食说略》一书由清代薛宝辰所著。该书除自序、例言外，按类别分为四卷，除记述了清朝末年比较流行的一百七十余款素食的制作方法之

外,书中充分论述素食的益处。蔬菜富有风味,清爽适口,又营养身体,无肉食腥膻之气,也不会残杀生灵,使人们欣赏到生机的乐趣,从而也遵循了"生机贵养,杀戮宜除"的佛家观点。从素食主义的角度来看,薛宝辰在书中所提,素食本来就富有风味,既提供了清爽适口的食品,又可以保养身体。让禽鱼任意的飞翔和遨游,则可使人们欣赏到生机的乐趣。素食不但可以增口福,又可以增加人们的清福,让素席胜似盛筵,说这是素食主义的最根本意义所在。《素食说略》也使大家至今仍能了解清末素食的发展状况,以启发当今事厨者,亦大有补益。

三、《易牙遗意》

易牙是第一个运用调和之事操作烹饪的庖厨,好调味,很善于做菜。因为他是厨师出身,烹饪技艺很高,他又是第一个开私人饭馆的人,所以他被厨师们称作祖师。明代的食疗家韩奕,因推崇名厨易牙,而写了本《易牙遗意》。这本书共记载了150余种调味料、饮料、糕饼、面点、菜肴、蜜饯、食药的制作方法,全书分为脯、蔬菜、糕饵、汤饼等十二类,内容非常丰富。实为仿古代食经之作,此书菜肴有五大特色:浓淡适中、适应面广、接受度高、制作明了,具有历史的考究,更有重要的史记价值。

【延伸阅读】

《随园食单》(节选)

先天须知

凡物各有先天,如人各有资禀。人性下愚,虽孔孟教之,无益也。物性不良,虽易牙烹之,亦无味也。指其大略:猪宜皮薄,不可腥臊;鸡宜骟嫩,不可老稚;鲫鱼以扁身白肚为佳,乌背者必崛强于盘中;鳗鱼以湖溪游泳为贵,江生者槎桠其骨节;谷喂之鸭,其膘肥而白色;壅土之笋,其节少而甘鲜;同一火腿也,而好丑判若天渊;同一台鲞也,而美恶分为冰炭。其他杂物,可以类推。大抵一席佳肴,司厨之功居其六,买办之功居其四。

戒目食

何谓目食?目食者,贪多之谓也。今人慕食前方丈之名,多盘叠碗,是以目食非口食也。不知名手写字,多则必有败笔;名人作诗,烦则必有累句。极名厨之心力,一日之中所作好菜,不过四五味耳,尚难拿准,况拉杂横陈乎?就使帮助多人,亦各有意见,全无纪律,愈多愈坏。余尝过一商家,上菜三撤席,点心十六道,共算食品,将至四十余种。主人自觉欣欣得意,而我散席还家,仍煮粥充饥。可想见其席之丰而不洁矣。南朝孔琳之曰:"今人好用多品,适口之外,皆为悦目之资。"余以为肴馔横陈,熏蒸腥秽,且亦无可悦也。

戒混浊

混浊者,并非浓厚之谓。同一汤也,望去非黑非白,如缸中搅浑之水。同一卤也,食之不清不腻,如染缸倒出之浆,此种色味,令人难耐。救之法,总在洗净本身,善加作料,伺察水火,体验酸咸，不使食者舌上有隔皮隔膜之嫌。庾子山论文云："索索无真气，昏昏有俗心。"是即混浊之谓也。

厨者王小余传

　　小余姓王，是个身份低贱的煮肉差役。他擅长烹饪，人们闻到他烧菜的香味，十步以外没有不下巴跳动、歆羡向往的。最初他向我请示菜单，我怕他太奢侈，但又有颍昌侯（那样贪嘴）的想法，就叹了口气说："我本来是个穷人，每顿饭花的钱不能超过一寸。"他笑着答应说："好。"不久，上了一道净饮，味道甘美，大家不停地喝到饱。客人听说了他，争着请他为自己主厨。小余准备菜肴，一定要亲自上市场，说："东西各有其天性，天性好的，我才用。"买到后，就淘洗、加热、清理、调制。客人吵吵着，接连地吃到满意，手舞足蹈，好几次恨不得吞下餐具。但是篮子里只有六七道菜，超过这个数目也不再做了。另外他站在灶台旁边，像鹤一样站着，目不转睛，只瞪着锅中，除了呼吸挥动之外，静得听不见声音。他看着烧火的人说："猛火。"则火烧得像大太阳一样。说"撤"，烧火的人就递次减少柴火。说"且烧着"，烧火的人就丢在一边不管。说"羹好了"，旁边伺候的人急忙拿餐具来接。有人稍稍违背他的意思或是耽误了时间，他必定像对仇人一样怒骂大叫，好像稍微错过一点就没机会弥补了一样。他用的滑料如菫、荁，调味料如盐、豉、酒、酱，直接伸手就下，没见过他用指头蘸着尝一下。完了，就洗手坐定，洗磨他的钳子、叉子、刀子、刨子、笤具、刷子之类，共三十多种，把柜子放得满满的藏起来。别人拾起他剩下的汤汁，双手切磨着学着做，可是不像。

　　有人请他传授技艺，他说："很难说啊。当厨子就像当大夫。我用一心诊治各种事物的适合怎么做，细心斟酌怎么用水火来整治，这样众口都调和以为味美，如同一口了。"问他细节，他说："味浓的在先，味淡的在后。味正的为主料，味奇的为调剂。等人舌头麻痹了，就用辣味来刺激它；等人胃满了，就用酸味来将食物压缩。"问者说："八珍七煮，这是珍贵的品种，您能烹饪，这正常。区区两只鸡蛋的饭，您做的必定跟普通人不一样，为什么呢？"他说："能做大菜而不能做小菜的，是因为气质粗。能做简餐而不能做盛宴的，是才力弱。而且味道本来不在乎大或小、简单或丰盛之间啊。如果才能好，则一个水芹、一味酱料都能做成珍贵奇怪的菜；才能不好，那么即使把黄雀腌了三间屋子，也没什么好处。而贪图名声的一定要做出灵霄宝殿上的烤肉、红虬做出的肉干，用丹山的凤凰来做丸子，用醴水的朱鳖来炮制，不是很荒唐吗？"问的人又说："您的技艺确实精巧啊。但是多烧煮杀生，残害动物的性命，不是作孽吗？"他说："从伏羲氏到现在，所烧煮杀生的已经万万世了，伏羲的恶孽在哪里呢？虽然如此，但是用味道来取悦人，是动物的本性。那些不能尽动物的本性而向人展示其美味，而白白暴虐地让它们在锅里面枉死，这是一种极重的罪孽。我能像《诗经》里的'吉蠲'一样美善洁净，用《周易》里的'鼎'来烹煮，像《尚书》里的'稿饫'那样用草来烧制，以符合先王成全百物的意愿，而又不肯戕害杞、柳来当作巧妙，暴殄天物来跟人比奢华，这本来是司勋的人所应当铭记功勋的啊，有什么罪孽呢？"问者说："以您的才能，不在豪门巨家里整治膳食，而在随园里终老，这是为什么呢？"他说："懂得我难，懂得美味更难。我苦思尽力地为人做饭食，一道菜上去，我的心肝肾肠也跟着一起送上去了。而世上那些只知道哑着声音吃喝的人，只是跟吃腐烂的食物一样觉得很满意。这种人很难格外欣赏我，这样我的技艺就会一天天退步了。况且所谓知己的人,说的是那种不只能了解其长处,也同时能知道其短处的人。现在随园主人(指袁枚)并非不斥责我、为难我、跟我吵闹,可是他都能刺中我心里暗自内疚的地方。像这样,那么一味地给我以美誉,实为苦楚,不如随园主人对我严厉的训诫反而甘美,我就一天天进步了。算了吧,我还是终老在这里吧。"

不到十年,他去世了。我每每吃饭,都为他而哭,也会想起他说的话,里面有治理百姓的道理,有写文章的道理,就为他作了这篇传,称颂这个人。

语文实践

厨艺小明星

【活动内容】

作为一名厨师,应该是厨艺精、厨德高,又有文化修养,达到"德艺双馨"。厨艺与厨德的内涵大体可以概括如下:要严格选料,保证菜品质量;要精心细作,精益求精;要博采众长,勇于创新;要讲究卫生,确保食品安全等。本次的实践活动就是要求同学们每人尝试像电视上的厨艺明星一样,边操作边讲解一道拿手菜肴,并录成DV,在全班分享交流。

【活动目标】

1. 培养学生的语言书面表达能力和口头表达能力。
2. 通过菜品制作,训练学生动手实践能力。
3. 通过活动开展,加强学生的团队合作意识。

【活动过程】

一、教师布置任务,带领学生看视频

视频内容是烹饪专业优秀教师边操作边讲解菜品。他们的在操作方面的共同点是技艺精湛,动作规范,颇有大师风范。语言方面的特点各有特色,有的风趣幽默,知识丰富;有的字正腔圆,富有亲和力;有的语言简练,恰到好处。此次任务就是让学生边制作边讲解菜品,用DV机或手机录制下来,在班级内交流分享。

二、学生分组,研讨任务,制订实施计划,填写下面表格

语文实践活动记录表

组名	
活动主题	
拟制作的菜品名称	组长:＿＿＿＿＿＿ 菜品:＿＿＿＿＿＿＿＿＿＿＿＿ 组员:＿＿＿＿＿＿ 菜品:＿＿＿＿＿＿＿＿＿＿＿＿ 组员:＿＿＿＿＿＿ 菜品:＿＿＿＿＿＿＿＿＿＿＿＿

续表

拟制作的菜品名称	组员：＿＿＿＿ 菜品：＿＿＿＿＿＿＿＿＿＿ 组员：＿＿＿＿ 菜品：＿＿＿＿＿＿＿＿＿＿
实施计划	
任务成果要点	

记录人：

三、学生撰写菜品制作过程步骤，组内交流

学生结合自身已有知识和经验，或查询资料，或请教老师，写出菜品制作的过程步骤（相当于脚本），在组内交流，基本格式建议如下。

××（菜品）的制作

一、原料

1. 主料

2. 辅料

3. 调味料

二、工具

三、制作过程

步骤一：

步骤二：

步骤三：

……

四、成品标准

四、利用课上或课余时间边制作边讲解菜品，用 DV 机或手机录制下来

如果在校内完成操作，可寻求专业课教师的帮助。

五、组间互评，每组推荐 1～2 个优秀作品

六、学生展示，交流点评，教师总评

【活动评价】

评价项目	评价标准	评价等次			教师总评
讲述内容	讲述内容与操作内容一致	A	B	C	
	内容丰富，重点突出	A	B	C	
语言表达	口齿清楚，表达流畅	A	B	C	
	语速恰当，语气、语调、音量、节奏处理得当	A	B	C	
形象风度	神态自然、大方	A	B	C	
	服装整洁，精神饱满	A	B	C	
组织安排	小组活动组织有效，人人参与	A	B	C	

【实施建议】

1.实践活动的主要目的是让学生结合技能操作训练口头表达能力，达到"能讲会做"的要求，因此教师在布置任务时应给学生明确的提示，避免只做不讲或讲得很少，无法表达出操作的整个流程的情况出现。

2.在实际录制操作过程中遇到设备和时间上的困难，可寻求专业教师和信息中心工作人员的帮助，以保证展示环节的顺利进行。

3.学生和教师点评的重点应放在口头表达能力方面，而不是重点关注菜做得如何。

主要参考文献
REFERENCES

[1] 杜莉.吃贯中西[M].济南:山东画报出版社,2010.

[2] 陆文夫.美食家[M].苏州:古吴轩出版社,2000.

[3] 王学泰.中国饮食文化史[M].北京:中国青年出版社,2012.

[4] 白常继.白话随园食单[M].北京:中国商业出版社,2011.

[5] 万建中.中国饮食文化[M].北京:中央编译出版社,2011.

[6] 范用.文人饮食谭[M].北京:生活·读书·新知三联书店,2012.

[7] 麻来军,梁甘冷.语文[M].杭州:浙江大学出版社,2010.

[8] 张登本,孙理军.全注全译黄帝内经[M].北京:新世界出版社,2016.

[9] 姚伟钧,刘朴兵,鞠明库.中国饮食典籍史[M].上海:上海古籍出版社,2011.

[10] 王荣生.语文课程与教学内容[M].北京:教育科学出版社,2015.

[11] 李耳,庄周.老子·庄子[M].北京:北京出版社,2006.

[12] 陈淑君,唐艮.中国美食诗文[M].广州:广东高等教育出版社,1989.

[13] 董振祥.食·尚·玩·法——大董的烹饪艺术与理念[M].北京:北京中轻生活音像出版社,2010.

[14] 汪曾祺.汪曾祺散文选集[M].天津:百花文艺出版社,2004.

[15] 孟然妹.汉语饮食成语隐喻研究——认知与文化视角[D].曲阜:曲阜师范大学,2010.

[16] 张微.汉语"吃"的隐喻研究——从认知和文化角度[D].大连:辽宁师范大学,2010.

[17] 董莉.透视汉语中的饮食文化[J].长沙:长沙铁道学院学报(社会科学版),2005,6(3):194-195.

[18] 郑淼.文化视角下的汉语饮食类词语探析[D].济南:山东大学,2010.

[19] 梁实秋.梁实秋谈吃[M].北京:北方文艺出版社,2006.

[20] 高永宏.烹饪专业语文校本教材编写的几点思考[J].扬州:扬州大学烹饪学报,2006,23(3):40-42.